論語営業のすすめ

逆境を乗り越えるシゴト哲学

—Co-creative Interface Builder—

安藤 雅旺

生産性出版

はじめに　仕事の捉え方を見直そう

おもしろきこともなき世をおもしろく　すみなすものは心なりけり

　この句は幕末の志士高杉晋作[1]が上の句を詠み、下の句を幕末の女流歌人野村望東尼《もとに》[2]がつけ加えた歌と言われていますが、営業の在り方を考えるうえで、この句は非常に参考になります。読者の皆さんの中には、営業ってストレスが多い、楽しい部分などあるのだろうか？　相手に断られるばかりで苦痛だ、他人に頭を下げるのは抵抗がある、商品・サービスに自信が持てない、数字に日々追われていったい何の意味があるのだろうか？　などさまざまな疑問や課題を抱えていらっしゃる方も多いと思います。もしくは、営業をもっと好きになりたい、得意になりたいがどうすればよいかを知りたいという前向きな期待を込めて、この本を手にしてくださっているかもしれません。

　それらの問いの答えを導く鍵は冒頭の句にあります。現在、携わっている営業という仕事をおもしろくするのも、つまらないものにするのも、自分の捉え方次第ということです。どんなに偉く立派な先生に営業の価値について美辞麗句を並び立てた講義をいただいても、受講者本人がそれを価値と捉えずにゴミ箱に捨ててしまえばそれまでです。つまり、営業という仕事を「自分にとってなくてはならない価値がある非常に尊い仕事」にすることもできますし、同時に「取るに足らぬ仕事で何の意味もない、つまらないもの。単に生活の糧を得るためにやむを得ずする仕事」にしてしまうこともできるのです。この判断は自分自身で自由に決められます。すべては自分が決めること、誰のせいでもなく、押しつけられることもなく、自己の意志において選択することなのです。

本書の狙いは、現時点であなたが営業を好きか嫌いか、前向きか後ろ向きかは別にして、この先も営業という仕事に携わるのであれば、営業活動にやりがいを見出し、自分の人生にとって大きな意味を持たせ、誇りを持てる仕事にするきっかけにしていただくことです。営業という仕事について一緒に考え、自分の今後にプラスになる機会にしていただきたいと思います。

私はこれまで30年にわたってＢtoＢの営業を行なってきました。今も日々、七転八起の営業に従事しています。長く営業をしてきた中で自信があることは、常に自身が大切にしたい価値観を軸にして、困難な状況に置かれてもぶれないようにしてきたこと、営業の目的を単に売上向上のみに置くのではなく、社会や顧客にとっての意味、自身にとっての意味は何かという点をしっかり考えて大切にしてきたこと、そして営業を通して未熟である自分自身の人間性を、日々高めることを仕事の目的に掲げることで、日々の失敗を自身の糧と捉え、自分に対する失望を希望に変え、仕事に対する悲観を楽観に変える思考の癖をつけてきたことです。

私は組織開発、人材育成の業界で長年仕事をしていますが、社会人になって最初にお世話になった会社で飛び込み営業からスタートし、すべて顧客は新規開拓で「ゼロから自分の数字を立てる」という方針で鍛えられました。そのおかげで29歳で独立した後も、すべて顧客はゼロから開拓するものという当たり前の前提に対して、戸惑うことなく邁進することができました。独立時は看板がなく、全く信用がありません。そのため激しい逆風が吹き荒れ、常に断りの嵐に見舞われます。

そんな中でも心が折れることなく立ち向かってこられたのは、**常に「自身の大切にしたい価値観」を軸にして、困難な状況に置かれてもぶれないようにする、営業の目的を単に売上向上のみに置くのではなく「社会や顧客にとっての意味、自身にとっての意味」は何かという点を考え大切にしてきたこと、そして営業を通して「未熟である自分の人間性を日々高めること」**を仕事の目的に掲げてきたことが大きいと感じています。そして、そこに大いに役立ったのが『**論語**』です。論語の精神は営業に求められる精神と共通する部分がたくさんあります。本書では、この点を中心に説明していきます。

本書を通して読者の皆様が営業という仕事の本質を改めて考え、今後の仕事でより自分らしさを発揮し、営業活動を充実したものにしていってくだされば幸いです。

2021年11月

安藤 雅旺

【注釈】

1 幕末の世を生きた長州藩の尊王攘夷志士。庶民参加の軍隊「奇兵隊」を組織するなど、長州藩を倒幕に向けて一致団結させた。

2 勤王の志士たちを密かにかくまい、「幕末の母」と呼ばれた女性歌人。志士の中には、高杉晋作もいた。

目次

第2章　論語営業の哲学

第3章　論語営業の実践

第4章 営業人 Co-creative Interface Builder としての軸を固める

第5章 オンリーワンの営業道を歩む

番外編 Co-creative Interface Builder 列伝

おわりに

巻末付録

キャラクター紹介

お役立ち達磨
合(ゴウ)ちゃん

株式会社トランスエージェント　営業部長

座右の銘は「PUSHING TO THE FRONT ～前進あるのみ」

※お役立ちの旗を掲げ、七転八起の精神で、粘り強く営業をするスタイルが持ち味である。

ネゴねこ
仁(ジン)ちゃん

NPO法人日本交渉協会　交渉アナリスト　広報部長

座右の銘は「イコール・パートナーシップ～統合型交渉の実践」

※厳しい対立の中に置かれても、対話を通じて双方にとってより良い道(解決策)を見出すことができる知恵者である。

キャラクターデザイン
株式会社アルファ・デザイン　井上ひいろ

第1章

営業の在り方（Being）を考える

営業にとって大切なことは何でしょうか。この問いに対する答えは千差万別です。どうすれば売上を上げられるようになるのでしょうか？　日々の営業活動でやりがいを高め、仕事に積極的に取り組むことができるようになるには何をすればよいでしょうか？　行動量を増やし、持続力を高めるために何ができるでしょうか？　どうすれば営業のレベルを上げることができるでしょうか？　このような問いに対して、自分なりの答え、仮説を導き出すためには自らの拠り所となる信念を持ち、自身の在り方(Being)の軸をしっかりと固めておくことが重要になります。いくら立派な家を建てても土台がしっかりしていなければ、大きな地震に遭遇すると、家はすぐに倒壊してしまいます。『後漢書[3]』に「疾風に勁草《けいそう》を知る」という言葉があります。激しい風に見舞われた時に、初めて本当に強い草かどうかがわかるという意味です。営業として疾風に遭遇した際に自身が勁草になっているかどうかを決めるのは、自分の中に信念や在り方(Being)の軸が定まっているか否かなのです。

営業とは、失敗の積み重ねの上に成り立つ仕事です。新規開拓であれば相手に断られるのが前提です。新規の成約を勝ち取るには、それなりに多くの失敗(断られる件数)を経験していく必要があります。そのため失敗を恐れ、なるべく失敗を避けて通りたいと考えている人には務まらない仕事であるといえます。また時としていわれなきクレームやトラブルに見舞われることもあります。そうした際にも、慌てることなく平身低頭で相手の立場に立ち、相手の置かれている状況を理解し、謝罪し、誠意をもって対処する必要があります。会社の代表として顧客に対して責任を自ら負う姿勢が求められます。そうした意味では強い当事者意識と責任感を持ち、精神的にタフでなければ務まらない仕事でもあります。こうしたことから営業には、強い精神力・行動力・持続性・忍耐力・積極性・寛容さ・謙虚さ・感謝の気持ちなど、人間性に関わる側面が強く求められるのです。人間性の向上が営業力の向上につながるといっても過言ではありません。

人間性を向上させるために役立つ書として『論語』があります。『論語』とは、孔子が人としてのあるべき道について述べたことを、後に弟子たちがまとめた書のことです。

日本資本主義の父である渋沢栄一は、仕事をするうえでの在り方として「士魂商才」の重要性を説き、士魂や商才は『論語』によって養われると主張しました。『論語』は人間性の向上の

「それなりの多くの失敗」といっても人によってイメージする数は違うと思うゴウ。新規営業であれば、断られることが中心で、断られることを失敗とすれば、ほとんど毎日失敗の繰り返しになる。大切なことは多くの断り(失敗)の先に必ず成功があるということだゴウ。

日々断られること(失敗)の積み重ねが成功への近道になる。失敗を避けていては先に進めない、自分自身の断られることに対する捉え方をいかにポジティブなものにしていくかが重要なカギになるゴウ。

みならず、商才を磨くことにも有益な書であるというのが渋沢栄一の考えです。そうであるならば、営業力を向上させるためには士魂商才を養う『論語』を学び実践していくことが、その近道になるはずです。『論語』を営業に当てはめて考え、行動することで、自らの拠り所となる信念をつくり上げ、自身の在り方(Being)の軸をしっかりと固めることにつなげていけるのです。

商い・営業のこころ

営業の在り方(Being)を考えるうえで、大いに参考になる映画があります。1984年に製作された『てんびんの詩』という映画です。

これは、近江の豪商の父親から小学校の卒業祝いとして鍋蓋を渡された主人公の少年が、鍋蓋を売ることができなければ家業は継がさないといわれ、行商の旅に出る物語です。少年は悪

孔子は実践の人。口だけの人間じゃないから、2500年経っても多くの人を惹きつけるんだニャ。彼の言葉は、自らが求め、実践していることばかりだニャ。論語を勉強するうえで論語読みの論語知らずにならないように気をつける必要があるニャ。最初に論語を勉強するのは下村湖人の『論語物語』がおすすめだニャ。論語の章句の背景の文脈などを想像しながら論語に触れることができてとても面白く学べるニャ。

戦苦闘し、最初は知人に頼み込んで押し売り同然で買ってもらおうとしますが、うまくいきません。上辺だけ愛想よく振りまいてみたり、わざとみすぼらしい姿になり人の同情を乞うやり方をしたり、親に虐待されているとうそをついたり、手を変え品を変え自分本位な売り方を繰り返していきます。

しかし、誰も相手にしてくれません。行く先々で断られ続ける中で自暴自棄になり、放浪し、行き詰まってしまいます。ついには、たまたま目にした外に置いてある他人の鍋蓋を見つけるやいなや「これをいっそのこと破壊して、困らせて売ればよいのではないか」という蛮行を思いつきます。そして、いよいよ行動に移そうと試みますが、直前で自らの良心によって思い留まります。それは「目の前の鍋蓋も自分と同じ他の誰かが苦労して売って、それを買った人が大切に使い込んだものだ。誰かに作られて長い旅をして買われ、ここまで使われたものだ」ということが頭をよぎったからでした。

それから、自らの行動を恥じ、一転その鍋蓋をきれいに磨き始めます。それを見た鍋蓋の持ち主の女性が、少年の不審な行動について問いただします。少年は鍋蓋を破壊しようとしたいきさつを正直に話し、心から詫びます。鍋蓋の持ち主は少年に謝罪し、心をこめて鍋蓋をひたすら洗っている姿を見て、不信感を捨て、許し、逆に鍋蓋を買います、売ってほしいと言い出します。それは少年が予想もしていなかった展開でした。そして、その後もお客さんがお客さんを連れてきて、すべての鍋蓋を売ることができたのです。

ここでは、まだ少年である主人公が鍋蓋を売ることを通して、自己中心的な姿勢を改め、商いでもっとも大切な相手の立場に立つ心「仁の精神」について学んだことが描かれています。営業の在り方を考えるうえでもっとも重要なことは、この『てんびんの詩』の少年にあるように、自分本位の考えを捨て、相手の立場に立って考える「仁の精神」を持つことであるといえます。この重要性を説いた書が『論語』であり、経済活動を行ううえで『論語』を中心に据えて学び実践しなさいと述べたのが、日本資本主義の父である渋沢栄一なのです。

渋沢栄一の士魂商才

渋沢栄一についてはご存知の方も多いと思いますが、改めてここで簡単に触れます。渋沢栄一は日本の資本主義の父と呼ばれる実業家です。１８４０年に武蔵国血洗村(現在の埼玉県深谷市)の豪農の子として生まれました。幼少期に『論語』『孟子』『大学』『中庸』など四書五経を修め、同時に養蚕、藍玉[4]などの仕事を生家で学びます。その後、従兄弟の尾高惇忠に水戸学[5]を学び、尾高の影響を受けて尊王攘夷思想に傾倒します。そして、仲間と決起して高崎城の焼き討ち、横浜外国人居留地襲撃を計画しますが、尾高の弟長七郎の説得により中止します。

その後、1864年に平岡円四郎に見出されて一橋家の家臣になりますが、慶喜が将軍となったため一転幕臣の立場となります。1867年には将軍徳川慶喜の弟、昭武に従い、パリ万博に随行します。この間に日本では大政奉還が起こり、幕府が崩壊しました。

帰国後、一旦は慶喜とともに静岡に滞在しますが、すぐに渋沢の実力に目をつけた明治新政府から打診を受け、1869年に大蔵省租税正となります。1871年には大蔵権大《ごんのだい》丞《じょう》に就任し、国立銀行条例を立案します。その後、渋沢は新政府の中で銀行制度など日本社会の経済を支える新しい仕組みを構築していきます。1873年に大蔵省を退官し、第一国立銀行の総監役に就任。そして、官尊民卑の打破を唱え、合本主義にもとづき民間の力によって数々の会社を設立していきます(渋沢が設立に携わったのは王子ホールディングス、東京海上日動火災保険、ＩＨＩ、ＪＦＥスチール、東京ガス、帝国ホテル、清水建設、サッポロビールなど500余り)。

また、彼は教育事業にも力を注ぎます。商業教育では一橋大学のもととなる商法講習所を設立、女性の教育では東京女学館や日本女子大学校の支援、私立大学では早稲田や同志社の支援、漢学教育では二松学舎を支援しています。社会福祉事業としては社会福祉の先駆的存在となる東京養育院の運営、中国人留学生への支援、民間外交としては対米国関係、対中国関係に対して、平和的関係構築のための民間外交に尽力し、対中国関係については孫文や蒋介石とも会談しています。数々の社会事業に精力的に手を広げ、まさに自身が唱えた道徳経済合一を生涯自ら実践して、偉大な足跡を残した社会事業家です。その渋沢栄一が常に重要性を説いていたのが、論語と算盤の一致、士魂商才になります。その思想について、まずは理解を深めていきましょう。

この絵（図表1）は、渋沢栄一が古希の祝いの際に友人である小山正太郎から贈られた色紙です。これはまさに渋沢栄一の生き方を象徴する絵です。この絵に書かれている文章は、漢学者であり東京帝国大学教授、二松学舎の創設者三島中洲が寄稿したもので「論語を礎として商事を営み算盤を執て士道を説く非常の人　非常の事　非常の功」とあります。渋沢栄一はこのことについて著書『論語と算盤』の中でこう述べています。

図表1　小山正太郎画「論語と算盤とシルクハットと刀の絵」渋沢史料館蔵

ある時私の友人が、私が七十になった時に、一つの画帳を造ってくれた、その画帳の中に論語の本と算盤と、一方には「シルクハット」と朱鞘《しゅざや》の大小の絵が描いてあった、一日、学者の三島毅先生が私の宅へござって、その絵を見られて甚だおもしろい、私は論語読みの方だ、おまえは算盤を攻究している人で、その算盤を持つ人がかくのごとき本を充分に論ずる以上は、自分もまた論語読みだが算盤を大いに講究せねばならぬからおまえとともに論語と算盤をなるべく密着するように努めようと言われて、論語と算盤のことについて一つの文章をかいて道理と事実と利益と必ず一致するものであるということを、種々なる例証を添えて一大文章を書いてくれられた、私

渋沢栄一は知行合一の人だゴウ。自分が財を成すために事業を興すのではなく社会の発展のために事業を興したのだゴウ。社会の問題を事業で解決していくという先駆的な考えの持ち主だゴウ。ピーター・F・ドラッカーが著書『マネジメント』の序文の中で渋沢栄一を取り上げ、渋沢栄一がわれわれに教えたことがあるとすれば、それは「経営者には責任がある」という一つのことである。と書かれているゴウよ。

が常にこの物の進みは、ぜひとも大なる欲望をもって利殖を図ることに充分でないものは、決して進むものではない、ただ空理に走り虚栄に赴く国民は、決して真理の発展をなすものではない、ゆえに自分らはなるべく政治界、軍事界などがただ跋扈《ばっこ》せずに、実業界がなるべく力を張るように希望する、これはすなわち物を増殖する務めである、これが完全でなければ国の富は成さぬ、その富をなす根源は何かといえば、仁義道徳、正しい道理の富でなければ、その富は完全に永続することができぬ、ここにおいて論語と算盤という懸け離れたものを一致せしめる事が、今日の緊要の務と自分は考えているのである。

さらに、『論語と算盤』では士魂商才に関する有名なくだりに続きます。

昔、菅原道真は和魂漢才ということを言った。これはおもしろいことと思う。これに対して私は常に士魂商才ということを唱道するのである。和魂漢才とは日本人に日本特有なる日本魂《やまとだましい》というものを根底にしなければならないが、しかし中国は国も古し、文化も早く開けて孔子、孟子のごとき聖人賢人を出しているくらいであるから、政治方面、文学方面その他において日本より一日の長がある。それゆえ漢土の文物学問をも習得して才芸を養わねばならぬという意味であって、その漢土の文物学問は、書物も沢山あるけれども、孔子の言行を記した論語が中心となっておるのである。(中略)士魂商才というのも同様の意義で、人間の世の中に立つには武士的精神の必要であることは無論であるが、しかし武士的精神のみに偏して商才というものがなければ、経済の上からも自滅を招くようになる、ゆえに士魂にして商才がなければならぬ、その士魂を養うには、書物という上からはたくさんあるけれども、やはり論語は最も士魂養成の根底となるものと思う。それならば商才はどうかというに、商才も論語において充分養えるというのである、道徳上の書物と商才は何の関係がないようであるけれども、その商才というものも、もともと道徳を以て根底としたものであって道徳を離れた不道徳、欺瞞、浮華、軽佻の商才は、いわゆる小才子、小悧口であって、決して真の商才ではない、ゆえに商才は道徳と離るべかざるものとすれば、道徳の書たる論語によって養えるわけである。

ここでも士魂と商才の両面をしっかり鍛えていかなければならないことが述べられています。また、その両面を磨くためにもっとも有効なものが『論語』であると示されています。この点はサステナビリティ経営[6]やコンプライアンス[7]の重要性が説かれている現在でも、根本の思想は共通していると思います。それ故私たち営業人としての在り方(Being)としても士魂商才の姿勢を養う、そのために『論語』が非常に重要であるといえます。

現代は渋沢栄一の時代と違い、日本社会においては商業を営む人が蔑まれるという傾向は少なくなった反面、経済的に成功することがすべてであるという、行き過ぎた風潮も散見されます。経済的な成功を目指す中で、渋沢栄一の説く不道徳な小才子にならないよう内省する必要があります。小才子として、欺瞞《ぎまん》(あざむきだますこと)、浮華《ふか》(うわべははなやかだが実質に乏しいこと)、軽佻《けいちょう》(浮ついていて言動が軽はずみなこと)が挙げられていますが、私たち営業人の在り方(Being)として自分自身に当てはまっていることはないか、常に内省することが必要です。自己中心・目先・短期発想ではなく、顧客へのお役立ち・社会貢献、全体・長期を考える「士魂」と、顧客を創造し、業績を上げ続ける力「商才」の両面を磨くことが重要なのです。

士魂商才の磨き方

士魂商才を養うには『論語』を学べと渋沢栄一の教えにあります。『論語』とは、儒教の始祖である孔子の教えを弟子達がまとめた書で、紀元前5世紀頃のものです。道徳を説いた書で、平たくいえば人間としての生き方について説かれたものです。孔子や弟子たちの言行録としてまとめられています。

2500年以上前のものですから、当然解釈に唯一絶対の正解というものはありません。人間としての在り方について祖述し、実践することこそ真の学びになります。学問のための学問、論語読みの論語知らずになってはまったく意味がありません。そのため『論語』を現在に生きる営業人である我々が実際の仕事の実践に役立つ形に翻訳する、現代の営業人の視点で解釈し、活用していくことが士魂商才を磨くことにつながると考えます。よりよく生きるための書『論語』を、よりよく営業するための書として活用するのです。

渋沢栄一は『論語』の学び方について、『論語講義』の中で知行合一の精神を持って論語を学べと述べています。

学問は学問のための学問にあらず、人間日常生活の指南車たらんがための学問なり。（中略）余は実にこの知行合一の見地に立ちて、論語を咀《そ》嚼《しゃく》し八十四歳の今日まで公私内外の規準として遵奉し、国を富まし国を強くし以て天下を平らかにするに努力したり。他の同胞実業家にも論語をよく読んで貰い、民間に知行合一の実業家ぞくぞく輩出して、品位の高き先覚者が出現せんことを望むのである。

知行合一は陽明学の有名な教えの一つで言葉は平易ですが、内容はとても難しい概念です。ここで渋沢栄一が言いたかったのは、実践に根ざした学びである必要性です。『論語』を暗記することや、字句の解釈に学びの中心を置くのではなく、自らの日常や仕事に生かし、自分の人間的成長を促す実践の学問として学習するのです。知行合一で知られる陽明学は15世紀明の時代に王陽明が打ち立てた儒教の一つです。『論語』とあわせて『陽明学』も学ぶことが士魂商才を磨くことにつながると思います。士魂とは武士の精神でありますが、『武士道』の著者、新渡戸稲造は、陽明学も武士道の淵源の一つでもあると述べています。渋沢栄一の『論語』を知行合一の精神で学ぶという言葉に従い、『論語』と陽明学の教えを学ぶことが士魂商才を磨くことにつながるのです。

論語営業を志向する

『論語』では、さかんに小人と君子という言葉が対比されて出てきます。小人とは徳のない人を指し、君子とは徳のある人を指すと解釈すると、徳の低い自己を省みて徳を高めるというのが目指すべき大きな方向性になります。私自身を含め、小人である自己をいかに変革して徳を高めていくことができるかということが大きな課題設定になるのです。

営業が人間力向上に寄与する仕事であるということはすでに述べましたが、『論語』を拠り所とした営業を「論語営業」と定義すると、「論語営業」の目的は営業という仕事を通して自分自身の人間性を高めること、つまり小人である自己を少しでも君子レベルに近づけることです。これまで営業の目的として捉えられてきた**商品・サービスを売る、売上を上げる、顧客を開拓する、顧客の課題解決、問題解決を支援する、顧客のビジョ**

営業の仕事にはいろいろと魅力があるニャ。「さまざまな人との出会いがあり多くを学ぶことができる」、そして「自分の世界を広げることができる」ニャ。とくに「実力で勝負ができる点」は大きな魅力だと思うニャ。年齢・性別・肩書きや入社歴は関係なく、評価されるのは顧客のお役立ちの結果としての数字だニャ。自分の努力次第でなんとでもなる実力主義の仕事は正々堂々として気持ちがよいと思うニャ。

ン実現を支援するなどといった役割・目的と並行して、**「顧客創造活動を通して自身の人間性を高める。そして自身を小人から君子へ近づけること」**を、営業の目的として定義することを提案します。そう考えると、普段の営業活動がより壮大な問いに挑む仕事になります。また日々の仕事をどのような状況に置かれてもぶれない強い自己を創る糧とすることができます。

はるか昔、学問をすることの目的は自身の人格形成にありました。徳を修めることが土台にあり、その上に個性を生かした専門技術を磨くというものです。現代はもはやこうした考えは消えてなくなりつつあります。しかし、昔も今も自身の人格形成が重要なことは変わりありません。陽明学の王陽明は事上磨練という言葉を残しています。これは日々の行動・仕事・実践を通して自身を磨こうとすることが真の学問であるという考え方です。

そうしたことに鑑みると、営業という仕事に対して「論語営業」を志向することで、営業活動を通して自身の徳を高める、自己の人格形成を行うといった目標設定・目的意識を持つことで、自己成長につながり、日々の仕事にやりがいが生まれると私は考えています。徳を磨く、自己の人格形成というと「立派な人間になりなさい」といった堅苦しい印象を持たれる方もいらっしゃるかもしれません。しかしここでいう徳を磨くとは、「立派な人間になりなさい」というような外側から測られるものさしではありません。あくまで自分との対話であり、自らの内側から測るものです。「恥を知り自らの良心に従う」「本来の自己を見出し、自己らしさを発現する」「自己の使命を果たす、一隅を照らす」「人生の質を高める。充実した人生を過ごす」こうしたことを目指すことだと捉えています。そして何よりも楽しむこと、楽しめるようになることが大切なことなのです。

これを知る者はこれを好む者に如かず。これを好む者はこれを楽しむ者に如かず。

『論語』（雍也第六）

知っているというのは好むのには及ばない。好むというのは楽しむのには及ばない。

（『論語』金谷治訳注　岩波書店）

論語営業解釈：営業を知っている人は営業を好む人には及ばない。営業を好む人は営業を楽しんでいる人には及ばない。

【注釈】

3 中国の王朝・後漢について書かれた歴史書。

4 藍の葉を発酵させて、臼（うす）でついて固めたもの。藍染の原料。

5 江戸時代に日本の水戸藩（現在の茨城県北部）で形成された政治思想の学問。儒学の思想を中心に神道や国学を取り入れている。幕末の尊王攘夷運動に多大なる影響を与えた。前期は徳川光圀、後期は徳川斉昭が中心となり発展させた。

6 社会の持続可能性に配慮した経営のこと。地球環境を保護ないしダメージを与えない経営思想。

7 法令遵守。企業が法令や規則を守ったうえで行動すること。

士魂商才

智コラム❶

商業における武士道の重要性～渋沢栄一と新渡戸稲造

渋沢栄一は士魂商才の士魂、武士道と商業者との関わりについての問題意識として次のように述べています。

> 武士道の神髄は正義、廉直、義侠、敢為《かんい》、礼譲の美風を加味したもので、一言にしてこれを武士道と唱えるけれども、その内容に至りてはなかなか複雑した道徳である。しかして余《よ》がはなはだ遺憾に思うのは、この日本の精華たる武士道が、古来もっぱら士人社会のみに行われて、殖産功利に身を委《ゆだ》ねたる商業者間に、その気風がはなはだ乏しかった一事である。

このような問題意識の中で商工業に必要なこととして、さらに次のように述べています。

いやしくも世に処し身を立てようと志すならば、その職業の何たるを問わず、身分の如何《いかん》を顧みず、終始自力を本位として須臾《しゅゆ》も道に背かざることに意を専《もっぱ》らにし、しかる後に自ら富みかつ栄ゆるの計を怠らざることこそ、真の人間の意義あり価値ある生活という事が出来よう。いまや武士道は移してもって実業道とするがよい、日本人は飽くまで大和魂の権化たる武士道をもって立たねばならぬ、商業にまれ工業にまれ、この心をもって心とせば、（中略）商工業においてもまた世界に勇を競うに至らるるのである。

商工業領域でも、武士道を軸にすることが大切であるとする渋沢栄一の思想が明確にわかる内容です。

それでは、武士道とは具体的にどのような考え方なのでしょうか。この点についてわかりやすくまとめられた本として1899年に米国で出版され、その後、日本でも出版された、新渡戸稲造の『Bushido-The soul of Japan』（『武士道』）が挙げられます。新渡戸稲造は武士道を桜花と同じく、日本の土地に固有の花であるとしたうえで、武士道は、道徳的教義に関しては、孔子の教訓を最も豊富なる淵源としたと述べています。この点は、武士道を養うために『論語』を学ぶことを推奨した渋沢栄一と共通しています。新渡戸稲造は武士道の具体的な内容として、「義」「勇」「仁」「礼」「誠」「名誉」「忠義」を挙げています。

また、学び方について「これら聖賢の古書を知っているだけでは、高き尊敬を払われなかった」「武士道はかかる種類の知識を軽んじ、知識はそれ自体を目的と求むべきではなく、叡智獲得の手段として、求むべきであるとなした」と述べています。そうした考えの中で、王陽明の考え方を取り上げています。論語を王陽明が提唱した知行合一の精神で学ぶべきと説いた渋沢栄一と、この点も共通している部分といえます。

私たち営業人にあてはめて考えれば、具体的に「義」「勇」「仁」「礼」「誠」「名誉」「忠義」の徳目を営業という仕事を通して磨くことです。仕事を通して磨くとは知識偏重ではなく、実行すること、実践重視、行動重視にあります。

また、単に売上の拡大だけを追い続けるのではなく、社会や顧客に対してどのようなお役立ちを提供していくのか、それは自分にとってどのような意味があるのか、こうした「義」を明確にして、自らが進むべき道とすることです。単に数字だけを追い求めるのではなく、数字を超えた「義」や「自身の人間的成長」を上位の目的にします。それこそ私たちの日々の仕事に魂を吹き込み、力を与えてくれるのだと思います。そこに本来の力である「主体性」や「勇」が生まれるのです。

COFFEE BREAK

七転八起の勁草営業人❶

初受注の思い出

私は新卒で株式会社ジェックに入社し、営業担当として仕事を始めました。最初は東京の指導部に所属し、指導を受けながら営業を実践します。決められた目標が個人に与えられますが、チーム全体で売上目標を達成しないと、営業部には配属にならないというシステムでした。そのため、チームのメンバーに迷惑をかけないためにも必死で頑張った思い出があります。

新人研修を終えて、営業開始となります。私は東京有楽町地区の担当でした。担当といっても、顧客はすべてゼロから自分で開拓するのが前提です。毎日飛び込み営業をして、担当者の名前を1日35件以上聞き出す(キーマンリサーチ)ことからスタートです。1日35件キーマンリサーチをするためには、80件以上は飛び込みをしないとできません。朝から夕方までひたすら有楽町の高層ビルに飛び込みました。リストが600件になった段階で、電話でのアプローチを行い、アポイントメントを獲得していきます。そして必死で獲得したアポイントメントに対して商談を行い、受注を目指すのです。新人ですから当然、簡単には受注できません。先輩に同行してもらい、支援を受けながら、半年でようやく初受注ができました。

私の初受注は帝国ホテルのグループ企業でした。渋沢栄一が設立に尽力した帝国ホテルのグループ企業で初受注ができたことに、不思議なご縁を感じます。当時、帝国ホテルから出向し、グループ企業で常務をされていた春日輝男氏が採用してくださいました。この時のことは今でも鮮明に覚えています。春日氏は「私が採用を決めてあげた営業は、ほとんどが売れる営業だよ。君も今後必ず売れる営業になるよ」と言ってくださいました。とくに根拠はなかったと思いますが、当時の私にはこの言葉が支えにもなり、苦しい時を乗り越えるためのよき暗示になりました。春日輝男氏という名前も「春の日に輝く男」ということで、私は勝手に「新人の私を応援してくださっている。ありがたい」と感じたのを覚えています。それから30年が経過しましたが、おかげで業績も一定レベル以上の成果をコンスタントに上げ続けることができました。私にとって最初の出会いの、お客様の励ましの言葉が大きな力となったのです。

第2章

論語営業の哲学

論語営業とは何か

営業の目的として、業績向上・顧客開拓・顧客の問題解決のほかに「顧客創造活動を通して自身の人間性を高める。そして自身を小人から君子へ近づけること」を加えることで、営業を楽しむことが重要であることを前章で述べました。そのために、渋沢栄一の士魂商才の実践を志向し、陽明学の知行合一の精神で論語を学ぶこと、論語を拠り所とした営業「論語営業」を実践することをお伝えしました。

それではこれから、論語営業の具体的な中身に入っていきましょう。

論語営業　その学び方について

――論語や陽明学は教条主義ではない

『論語』と聞くと、古臭い教義を暗記し、素読し現実に当てはめる堅苦しいものであるというイメージを持つ方もいらっしゃると思いますが、これは学ぶ側の姿勢の問題であり、現実の論語や孔子の在り方はまったくその逆です。論語の中では常に孔子と弟子との対話が描写されていますが、孔子は弟子によって、またその弟子の抱えている問題や状況に応じて言葉を変えて伝えています。論語の中でもっとも重要な徳目である仁についての説明に、さまざまな表現が使われているのもこのためです。

陽明学でも『伝習録』の冒頭は次のように始まります。

聖賢が人に教えるのは、ちょうど医者が薬を投与するときに、常に病に応じてそれを処方し、体力や熱の有無、また病気の箇所や症状のいかんなどを診た上で、その都度、匙《さじ》を加減するのと同じである。その目的はあくまで相手の病弊をとり除くことにむけられているのであり、あらかじめ定まった処方をもって相手に臨むわけではない。というのは、もし或る一つの処方だけに固執していては、結局、相手を殺してしまうことになるからだ。いま、わたしが諸君と話し合うのは、それぞれの不十分な点を診断し矯正《きょうせい》しようというだけのことであり、もしそれがちゃんとして改まってしまえば、私の言葉などもはや無用の長物でしかない。

（『伝習録』序　王陽明　溝口雄三訳）

この王陽明の言葉からも、陽明学には教条主義が相容れないことをよく理解できると思います。正解を求めるのが人の常ですが、現実社会を生きるうえで、唯一絶対の正解はなく、その状況に応じて自ら考え、自らが最適解を見出す必要があります。聖賢の教えはその助けになるものであり、唯一絶対の正解ではありません。常に行動重視・実践重視で、現場の問題解決を重視するという姿勢の学び方が求められます。

論語営業を志向するようになったきっかけ

君子は本を務む。本立ちて道生ず。（『論語』学而第一）

君子は根本のことに努力する、根本が定まってはじめて〔進むべき〕道もはっきりする。（『論語』金谷治訳注　岩波文庫）

論語営業解釈：営業として優れた人物は根本のことに努力する。根本が固まれば道が明確になる。

私はこれまで30年に渡り、ＢtoＢ営業に携わってきました。29歳で独立し、その後企業向けの研修会社を設立して現在に至りますが、社会人としてスタートを切った会社の上司が、私が論語営業を志向するきっかけをつくってくれました。

私が新卒で入社した株式会社ジェックは当時、営業教育において国内トップクラスの実績を持っていました。東京本社で半年間の研修期間を経て、名古屋営業所に配属されました。私は営業教育で実績を持つ企業に入社することで、自分自身を鍛えて営業プロフェッショナルになりたいという強い気持ちを持っていました。時代はまだバブルの余韻が残る時でしたが、「新卒は入社2年間は絶対服従」という採用のキャッチフレーズからしっかり鍛えてもらえる場であると感じ、強い魅力を感じて入社したことを覚えています。

当時、名古屋営業所所長葛西浩平氏（その後、株式会社ジェック社長）に指導いただいたことが、その後の私にとって大きな礎となりました。当時の私は業績を上げたい意欲は非常に高かったものの、その意欲が自分本位のものとなり、空回りばかりしていました。行動を強化しても数字が上がらず、同期の中でも大きく遅れをとっていた私に粘り強く対話を重ねてくれたのが葛西氏でした。葛西氏の印象的な教えが「米粒大のお役立ち意識」でした。

葛西氏の言葉は次のようなものでした。

「安藤さんの売上を上げたいという気持ちはよくわかる。ただそこに意識を集中するのではなく、人のお役に立ちたいという意識に集中してみてはどうか。安藤さんも意識をすれば、今は小さいが米粒大のお役立ち意識はあるはずだ。そのお役立ち意識を見つけ、そこに集中して、お客様にぶつけていったらどうか。お役立ち意識に集中すれば、米粒大のものがだんだん大きくなってくるのを感じるはずだ。それを思いっきりお客様にぶつける。そこに集中して勝負したらどうか」

この言葉が私にとって行動変革のきっかけになりました。

ジェックのかつてトップセールスだった所長の言葉です。この時から藁をもすがる想いで、この米粒大のお役立ち意識に集中して仕事をしました。営業の仕方も大きく変わりました。相手を説得し口説き落とすことを中心に考えるのではなく、現場を回り、相手が困っていることを理解し、相手の問題を解決するために何とかお役に立ちたいという思いをもとに提案をまとめ、ぶつけていきました。

その変化がやがて結果にも現れ、取引したいという顧客から

スランプの際には、時に立ち止まって内観し、自分の思い込みを排除し、物事に対する捉え方、解釈を点検し、ネガティブなものをポジティブに転換していくことも必要だゴウ。ただし結論としては、自分の状況を変える、現状打破の道は行動することしかないのだゴウ。行動することによって考えもつかなかった出会いや、新たなチャンスを得て、勢いが出ることもあるのだゴウ。内観と行動を組み合わせて、勢いをつけて前に進んでいくのだゴウ！！

の要望を受け取ることができました。その後、数字にも現れ、大口の取引先を数社開拓し、結果として3年目には同期でトップになることができました。この時の経験から、お役立ち意識の大切さを、実践を通して体で学びました。このお役立ち意識こそが『論語』のもっとも重要な徳目である「仁」そのものであり、論語営業を志向するスタートだったと思います。

論語営業の哲学①

――人間観　陽明学・致良知　良知の発現

論語営業を進めるうえで重要な考え方・哲学を、ここでは4つ紹介します。

まず一つ目に、陽明学の良知の発現があります。良知とは人間誰もが持っているもので、本来の自分自身が持っているすばらしい可能性、自らの良心といった意味になります。王陽明はこれをいわゆる聖人賢人だけが持っているものとせず、誰もが持っているものであり、「人間が学問をする目的はこの良知の発現にあり」と述べています。

論語営業の目的である、「営業という仕事を通して小人である自分を君子に近づける」ということを言い換えると、この「良知を発現すること」と同じ意味になります。良知を発現することとは本来の自分自身の可能性を見出す、自らの良心の発揮になります。本来の自分自身というのは決して私欲に曇った浅瀬の自分ではなく、自分の根底に宿るもの、先ほどの例でいえば、私の「米粒大のお役立ち意識」であり、渋沢栄一が唱える「士魂」です。王陽明は良知についてこう述べています。

そもそも良知は道に他なりません。良知が人の心にそなわっているのは、決して聖賢にかぎられたことでなく、常人もひとしなみに同じなのであり、もし物欲にひきまわされ蔽《おお》われることがなく、ただ良知のままに思惟し行動していけば、その軌跡がそのまま道となるのです。ただ、常人は、物欲にひきまわされて蔽われることが多く、良知にしたがうことができないのに対し、先ほどの諸公らの場合は、生来の気質がすでに清明であり、おのずと物欲にひっぱられ蔽われることも少ないため、良知の発揮されることが自然多くなり、道にもほぼ合致しえたのです。学ぶ者は、良知にしたがうことを学ぶのみで、それでこそ学を知るというものです。この、学を知るとは、良知にしたがうことを学ぶ、ということを知ること、それにつきます。

（『伝習録』中巻　王陽明　溝口雄三訳）

論語営業の目的は、良知の発現とも言い換えられます。己自身と己の可能性を信じる、私欲に負けず、他者の不条理な縛りに惑わされず、本来の自己そのものである良知を見出し発現することが重要なことなのです。

論語営業の哲学②
——修養の在り方　陽明学・知行合一

二つ目は知行合一です。渋沢栄一は論語を学ぶ姿勢として知行合一を説きました。王陽明は知行合一についてこう述べています。

私はかつて知は行の主意《きほん》、行は知の功夫《じっせん》、また知は行の始《もと》、行は知の成《じつげん》であると述べた

人の想いに触れると、「応援したい」「役に立ちたい」という気持ちが沸き上がることがあるニャ。そして相手に感謝されると、自分自身の存在意義や、生きている実感を得ることもできるニャ。だからこそ、人は誰かの役に立ちたいと思うのかもしれニャいね。

ことがあるがここを会得したときには、ただ知とさえいえばすでにそこには行が含まれており、行とだけいえばすでに知が含まれていることがわかる。古人が知を説きながら、その一方で別に行を説いたのには理由がある。それは世間にはわけもわからず気ままにことを行ない、思惟省察ということを全くわきまえぬ人がおり、こういう人はただ盲目的に行為するばかりであるため、どうしても知ということを説かなければこの人たちの行ないを正しくすることができなかった。一方また、ある種の人々は、抽象的な空想にひたりきって、現実に実行してみようともせず、ひたすら憶測や妄想に終始しているため、これらの人にはどうしても行というものを説かねば、その知が真の知になりえなかったからである。こういうことは、古人が人々の偏向や病弊を是正するためやむをえずしたことで、その本意さえ理解できれば、多言の要のないことなのだ。

（『伝習録』上巻　王陽明　溝口雄三訳）

私たち営業人は、あくまで行動重視・実践中心の姿勢で学びを深める必要があります。
いくらマーケティング理論や営業技法を知識として習得しても、それを実践しなければ何の意味もない、本当に知ることにならないということになります。「行動が伴って初めて本当の意味で知ったといえる」というスタンスに立って学んでいく必要があるのです。
論語を学ぶにしても論語読みの論語知らずになってはいけないといわれるのは、まさにこのことです。

論語営業の哲学③
——成長促進の糧　陽明学・事上磨錬

三つ目は事上磨錬です。事上磨錬とは事上に自己を磨くこと、日常生活や仕事において、修練することを指します。自己成長のためには本を読むことも重要ですが、同時に日々の生活や仕事を通して自身を磨くことが大切であるという考え方です。行動重視、実践重視の思想になります。伝習録には次のくだりがあります。

久しく先生の学を聴講していた官吏がいった。「この学はすばらしいけれど、何しろわたしは、文書や訴訟の事務などに追いまわされて、とても学問をしている暇がありません」先生がこれを聞いていう、「わたしが、それらの仕事を離れて何もない中空に学を求めよ、と教えたことが、いったいあったかな。きみが官務についている以上、学はその官務に即してすすめられるべきで、それでこそはじめて真の格物といえる。たとえば、事件を審理する場合、相手の応対が無礼だからといって、腹を立ててはならず、相手の言葉が如才がないからといって、いい気分にのせられたりしてはならない。相手が自分以外の第三者に依頼しているのを根に持って、故意に意地悪をしてはならず、相手の懇願にまけて、意をまげてそれに従ってもならない。自分の仕事が多忙だからといって、勝手に手をぬいてはならず、周囲が讒謗《ざんぼう》をあびせて罪に陥れようとしているからといって、それにまきこまれてはならない。これらさまざまな思惑《おもわく》は、すべて『私』からでるもので、ただ君自身にしかわからないものであるから、精細に省察を加え自己の陶冶《とうや》につとめなければならない。自分の心にいささかの偏りもなく、それによって是非を枉《ま》げることのないようにと注意をはらう、それこそが格物であり致知である。文書・訴訟事務におけるすべてがそのまま実学なのであり、それから具体的な事例を離れて学を求めようとするなどは、かえって『空』に執着するものではないか。

（『伝習録』下巻　王陽明　溝口雄三訳）

これを営業に当てはめて考えると、新規顧客開拓をするための活動や深耕開拓をするための活動、社内や外部パートナーとのやりとりなどすべての活動が自己を磨き上げる糧になるということです。

これらを事上磨錬にするために重要なことは、仮説を立てて仕事をすること、問題意識を常に持って仕事をすることにあると思います。なぜなら仮説や問題意識を持って仕事に取り組めば、結果についてしっかりと内省することができます。そのため自身の課題が明確化され、行動変革につなげることができます。

何も考えずに問題意識を持たず、ただ淡々と仕事をしていれば、自己の課題にも気がつかないため、事上磨錬にはつながりません。

内省に関する論語の章句は有名なくだりがあります。

曽子の曰く、吾れ日に三たび吾が身を省《かえり》る。人の為に謀《はか》りて忠ならざるか、朋友と交わりて信ならざるか、習わざるを伝うるか。（『論語』学而第一）

曽子がいった。わたしは毎日何度もわが身について反省する。人のために考えてあげてまごころからできなかったのではないか。友だちと交際して誠実でなかったのではないか。よくおさらいをしないことを［受けうりで］人に教えたのではないかと。

（『論語』金谷治訳注　岩波文庫）

論語営業解釈：私は毎日何度も自分自身を反省する。営業として顧客のお役立ちを第一に考えて行動できただろうか。また仕事の関係者パートナーに対して誠実であっただろうか。よく理解できていないことを受け売りで人に教えたりしなかっただろうか。

内省を効果的にするためには、仮説をもとに自分自身を省みることが重要で、質の高い問いを常に自身に向けることが大切です。

また、自己成長を促進させるために重要なことは机上にあるのではなく、体験・実践の中にあるという点です。実践は苦痛を伴います。なぜならば、失敗がつきものであるからです。恥ずかしい気持ちや悔しい思い、さまざまな感情が体験を通して生まれます。こうしたことを経験することが自己成長の源泉であり、事上磨錬には重要だと思います。

私自身でいえば、特徴的な経験としてはこれまですべて顧客開拓は新規でゼロから行なってきました。新規開拓という困難な状況を乗り越えてきた経験は、今でも自分を支えています。その経験が幾度と断られても進み続ける、お役に立てる点が必ずあるという信念をもとに前進し続ける自分をつくってきました。こうした活動が私自身の事上磨錬につながったのです。

論語営業の哲学④

――オンリーワンの営業スタイルを確立する
陽明学・精金の比喩

営業では当然業績が重視されます。業績が向上することを目的に日々努力します。しかし、そのために多くのトップセールスのやり方を模倣してもうまくいくとは限りません。それは、

失敗や挫折を「無駄」と思っているとつらくなってくるニャ。失敗や挫折こそが自分を高める「糧」になると思うことが大切だニャ。同時にそこから学び、成功するためにやり方を考えることニャ。常に仮説を持って仕事をすることが、問題意識を高め、解決策を見出す近道につながるニャ。

人はそれぞれに持って生まれた個性があり、才能も違うからです。重要な点は、他者から優れた面は学びつつも、自分らしく、オンリーワンの営業スタイルを追求し、確立していくことなのです。他と比較して奮起することも大切ですが、最も重要なことは自分自身と向き合い、自己に挑戦して自己を磨いていくことだと思います。

伝習録にはこうあります。

純金たるゆえんは純度にこそあって重量になく、聖たるゆえんは天理に純一である点にこそあって才能にはない、のである。だからたとえ凡人にもせよ、もしすすんで学につき、その心を天理に純一ならしめたならば、それで立派に聖人なのだ。ちょうど、一両の金が万鎰《いつ》の金に対して、重量の上では大差があっても、純度が等しいという点では、何ら愧《は》じることがないのと同じことだ。

（『伝習録』上巻　王陽明　溝口雄三訳）

この純金のたとえは、営業でいえば自分らしいオンリーワンの営業を追求することと考えられます。誤解を恐れずにいうと、他者との業績の比較よりも自らの営業目標に焦点をあて、その目標に対する姿勢・行動に焦点を絞る。そして自分自身の目標を一つひとつクリアして、営業スタイルの確立を重視することが大切なのです。人には持って生まれた分があります。他人の業績との比較にこだわり自らを愧じるよりも、むしろ自分の可能性を発揮しきれていない、自分自身に挑戦が足りないことを愧じるべきなのです。

> 人には『己れの為にする（自己の向上を志す）』（『論語』憲問第十四）心があってこそはじめて『己に克つ』（『論語』顔淵第十二）こともでき、己れに克つことができるからこそ己を（完）成す（る）（『中庸』）ことができる。
>
> （『伝習録』上巻　王陽明　溝口雄三訳）

オンリーワンの営業を追求し確立するために、立ち向か

なぜ業績を向上させることが大切なのか。それはお客様から給料をもらっているからだゴウ。給料は誰からもらっているかの問いに対して「会社」と答えてしまう営業はダメだゴウ。我々は顧客にお役立ちをして、その結果として対価をもらい、そこから給料をもらっている。そのため給料は「お客様」からもらっているのだゴウよ。
「お客様」でなく「会社」から給料をもらっている営業とは顧客へのお役立ちに対する対価としての本来の給料額よりも、実際にもらっている給料のほうが高い人だゴウ。つまり会社にその分自分の給料の負担を強いているということだゴウ。まず自分自身が収支の合う働きをしなければ仕事がなりたたないゴウよ。

うべきは自分自身であり、自分らしさを確立するには、自分自身に克つことが重要です。最大の敵は自分自身にあり、ということを常に考え挑んでいくことが重要です。

仕事を上達させるための考え方

第2章の締めくくりとして、営業の仕事を上達させるためのヒントとなる章句を紹介します。

学んで思わざれば則ち罔《くら》し。思うて学ばざれば則ち殆《あやう》し。

（『論語』為政第二）

学んでも考えなければ、「ものごとは」はっきりしない。考えても学ばなければ、「独断におちいって」危険である。

（『論語』金谷治訳注　岩波文庫）

論語営業解釈：営業やマーケティングについての学問を学んだとしても自分で考えることがなければ、自分のものにならない。自己流で営業やマーケティングについて考えても、原理原則や先哲の知恵を学んでいない人は唯我独尊になり危うい。

聖人の言を信ずことはもちろん結構なことだが、しかし、それを自己のうちに体現することこそが第一義でなくてはならない。いまきみが、自己のうちにかえりみて得心のいかぬものがあるというなら、先人の旧説にとらわれていないで、何が至当なのか自分で追及してみなくてはいけない。

（『伝習録』上巻　溝口雄三訳）

本や優れた人など、他からの学びと自分の頭でしっかり考え抜くことの両輪が大切です。ややもすると、どちらかに偏りがちになります。学ぶことと考え抜くことを習慣化することが重要なのです。

またそれと同時に、常に学んだことを実践に結びつける姿勢と、そこから新たな考えを生み出す姿勢が重要なのです。

われわれが聖人から学ぶべきことは、人欲を去って天理を存すること以外にない。それは金を精錬して純度を高めようとするのと同じで、金の成分に問題が少なければ、精錬の手間もはぶけ、でき上がりも早いが、純度が低下するほどに精錬は困難なものになる。人の気質には清濁純雑の差があり、『中人以上』(『論語』雍也篇)の人があれば『中人以下』(『論語』雍也篇)の人もいる。道についても『生れながらにしてそれを知り、安んじてそれを行なう』(『中庸』)の人があれば、『学んでそれを知り利《つと》めてそれを行なう』(『中庸』)人もあり、またその下には、『人が一たびすれば己は百たびし、人が十たびすれば己は千たび』(『中庸』)せざるをえない人もいる。プロセスはさまざまだが、しかし最終的に『成就されたあかつきには、いっさいの差はなくなる』(『中庸』)のだ。

(『伝習録』上巻　王陽明　溝口雄三訳)

ここでは、心の中にある天理と人欲について人欲を排除し天理を存すること、つまり良知の発現についてその到達の仕方を述べています。これを論語営業として考えると、自分自身の営業としての理想や目標に到達するための道筋と考えることができます。

営業は、自分自身をよく理解しておく必要があります。自身の目標を達成するには何をすればよいのか、自分の強みは何か、弱みは何かなどについて深く考え、理解する必要があります。人が一たびすれば己は百たびしなければ同等の成果が得られないような領域であれば、百たび行なえばよいのです。

足が遅い自分が足のはやい人と同じ距離を走る目標を立てるのなら、その分だけ時間をかければよいのです。そうすれば必ず到達できます。重要なことは目標達成に対する執念であり、自分を理解し、自分の力で目標を達成するために必要な努力をすることです。

「一棒一条痕　一摑一掌血」

先生がいう、「諸君はここで、必ず聖人になるんだという心をうち立ててもらいたい。(その志が)どの一瞬にも不断に『一杖打って一条の痕がのこり、一つのびんたをくらわせて掌《てのひら》ぶんのあざをつくる』ほどに、自己の身に切実であってこそ、はじめて私の話も耳にとどまり、一句一句を糧にすることができる。もし、ぼんやりだらりと日をすごすだけであれば、ちょうど、死肉がいくら打たれても痛癢を感じないのと同じで、結局、最後まで何も成就できない。

（『伝習録』下巻　王陽明　溝口雄三訳）

すべては1日1日の積み重ねにあります。1日1日を大切に集中して、どれだけ全力を出すかにかかっています。やる気が出ない、だらだらしそうになった時には、この「一棒一条痕　一摑一掌血」の言葉を思い出して奮起したいものです。

士魂商才

智コラム❷　孔子と論語について

孔子は２５００年前の思想家です。(紀元前５５１年〜紀元前４７９年)中国の魯国(現在の中国山東省)で生まれ、儒教の礎を築きました。50歳を過ぎて魯の国の定公に認められて司冠(司法長官)となり、政治家として活躍します。その後、理想の政治を求めて弟子とともに諸国を遊歴します。途中何度も窮地に陥りますが、災厄を乗り越え、理想の実現に向けて奮闘します。そして長い遊説の旅を終えて、最後は魯の国に戻り弟子の教育、君子の養成に力を注いで74歳で亡くなります。孔子の死後、その教えを受け継ぎ、４００年近くかけて弟子達が編纂したのが『論語』になります。

それでは、孔子とはどんな人だったのでしょうか。『論語』の中には孔子の人物像に関して触れられています。次に示すのは、３人の弟子の言葉です。

・子貢「温良恭倹譲《おんりょうきょうけんじょう》」(学而第一)

おだやかで、すなおで、うやうやしくて、つつましくて、へり

くだりであられる。（『論語』金谷治訳注　岩波文庫）

・**曽子「夫子の道は忠恕《ちゅうじょ》のみ」（里仁第四）**

先生の道は忠恕のまごころだけです。※忠恕　忠は内なるまごころにそむかぬこと、恕はまごころによる他人への思いやり

（『論語』金谷治訳注　岩波文庫）

・**顔淵「これを仰げばいよいよ高く、これを鑽《き》ればいよいよ堅し。これを瞻《み》るに前に在れば忽焉《こつえん》として後に在り。夫子、循循然《じゅんじゅんぜん》として善く人を誘《いざな》う。我れを博《ひろ》むるに文を以てし、我を約するに礼を以てす」（子罕第九）**

仰げば仰ぐほどいよいよ高く、きりこめばきりこむほどいよいよ堅い。前方に認められたかと思うと、ふいにまたうしろにある。うちの先生は、順序良くたくみに人を導びかれ、書物でわたくしを広め、礼でわたしをひきしめてくださる。

（『論語』金谷治訳注　岩波文庫）

孔子本人の言葉としては、

憤《いきどお》りを発して食を忘れ、楽しみて以て憂いを忘れ、老いの将《まさ》に至らんとするのを知らざるのみと。（述而第七）

［学問に］発憤しては食事も忘れ、［道を］楽しんでは心配事も忘れ、やがては老いがやってくることにも気づかずにいるというように。（『論語』金谷治訳注　岩波文庫）

これらを見ると偉大な教育者であるとともに非常に謙虚で自然体で身近な存在に孔子を感じるのではないでしょうか。封建社会の道徳としての儒教の祖としての堅いイメージは後世の人々が意図的につくりあげたものであり、等身大の孔子は極めて親しみやすい人であったと私は考えます。

孔子は自分の目指すべき姿について弟子の子路に問われ、こう述べています。

老者《ろうじゃ》はこれを安んじ、朋友はこれを信じ、小者はこれを懐《なつ》けん。（公冶長第五）

老人には安心されるように、友だちには信ぜられるように、若者にはしたわれるようになることだ。（『論語』金谷治訳注　岩波文庫）

孔子の人柄がうかがえる章句です。地に足がついた身近な存在である聖賢孔子をリアルに感じられるくだりです。孔子と論語については下村湖人の名著『論語物語』の序文が非常にわかりやすく説明していますので、最後に紹介します。

『論語』は「天の書」であるとともに「地の書」である。孔子は一生こつこつと地上を歩きながら、天の言葉を語るようになった人である。天の言葉は語ったが、彼には神秘もなければ、奇蹟もなかった。いわば、地の声をもって天の言葉を語った人なのである。（『論語物語』下村湖人　講談社）

COFFEE BREAK

七転八起の勁草営業人❷

人生意気に感ず

指導部を卒業して新人の私が配属されたのは名古屋営業所でした。当時の名古屋営業所には所長の葛西浩平氏と2人の優秀な先輩営業の方がいましたが、そこに私を含め3人の新人が配属になったのです。東京、大阪に比べて市場が小さく、新規取引も難易度が高いといわれる名古屋エリアに即戦力ではなく、新人を3人も迎えるというのは、経営判断としては難しいものだったと思います。

所長の葛西氏は、未熟な私を根気よく指導してくださいました。毎日実施する日報対話では、傾聴を常として、指示命令ではなく、さかんに問いを投げかけて私の自主性を引き出してくださり、同時に常に私の強み（美点）に焦点を当てて粘り強く動機づけをしてくださいました。この時の対話は、今思うとコーチングそのものだったと思います。常にゴールを見据え、現状とのギャップをどう乗り越えていくのか、私自身の考えを引き出していただき、否定をせず常に傾聴と承認をしていただいたことを覚えています。対話の後は常にモチベーションが上がるとともに、課題は自分自身の力で必ずなんとかしてみせるといった気概が溢れたことを覚えています。

営業所として高い数字目標を達成することと、即戦力でない新人3人を明日のために育てることの両立は、胆力がなければできない仕事だったと思います。当時は「私の可能性を信じてそこに期待をかけてくださっている」「所長として経営リスクを1人で背負い、肚をくくって対応いただいている」そんな姿勢を強く感じました。

私は未熟者ながら人生意気に感ずで、何としてもよい仕事をして売上を上げて名古屋営業所を発展させたい、葛西所長の恩に少しでも報いたいと強く思い、日々の営業を全力で頑張ったことを覚えています。

第3章

論語営業の実践

断りにめげない持続力

――論語営業マインド「義」「勇」の醸成と実践

企業の目的は「顧客の創造」であると定義したのはピーター・F・ドラッカーですが、企業の目的である「顧客の創造」の実現において先頭に立っているのが営業です。

営業には新規開拓や深耕開拓など、常に新しい案件の開拓が求められます。営業は顧客へのお役立ちを通して売上を上げることができなければ存続できません。そして、相手の断りにめげることなく、お役に立てる相手を探し、提案する活動を地道に続ける必要があります。

しかし、現実はどうでしょうか。相手の断りにめげず、積極的に行動し続けるのは簡単なことではありません。きびしい断りのシャワーを浴びているうちに、次第に自信を失い、勢いを削がれ、行動力が低下してしまうことはよくあることです。営業にとって相手の断りは避けて通ることのできない壁です。

この壁にいかに向き合っていけばよいのか、どう乗り越えていくのかについて考えていきましょう。

第１ステップ「肚をくくる」

◆失敗前提～断られることを自分の資に

まず前提として、営業とは相手からの断りの積み重ねの上に成り立っている仕事であるということを理解することが大切です。このことを頭だけでなく、肚落ちさせることです。営業とは多くの失敗を経験しながら成功を掴む仕事であること、成果を上げ続けている営業とは、より多くの断りを経験している営業であるということを理解する必要があります。

野球にたとえてみましょう。名打者と呼ばれる選手であっても、10打席の中で7打席は凡退をしているのです。通算２０００本安打を達成する名球会入りの選手は、多くの安打を生み出したことと同時に多くの凡退をした選手であるといえます。成功(安打)するためには必ず多くの失敗(凡打)を同時に経験することが必要となるのです。

このことは、営業の仕事と共通しています。営業をする以上、相手からの断りを回避することはできないのです。相手の断りを回避しようと考えるのではなく、断りを自分の糧とし、そこから学び、成功確率を高める努力、工夫していく必要があります。つまり断りを前提として、断られることを自分の資とするというマインドセット[8]を持つことが大切なのです。

市場・顧客と自社・サービスとの接点・インターフェイス[9]において、ギャップがなく、顧客から常に商品・サービスを購入したいという意思表示があり、そこに対応するだけであれば我々のような営業の存在は必要ありません。営業の存在価値とは市場・顧客と自社・サービスとのギャップを埋めていくことにあり、大きなギャップをどう埋めていくのかという点に、その存在意義、真骨頂があるのです。

第2ステップ「義を見出す」

◆不撓不屈~断りを乗り越える原動力の火を灯す

それでは断られるのが当たり前の状況を苦にすることなく、前に進んでいくにはどうすればよいのでしょうか。この壁を乗り越えていく原動力は人によってさまざまですが、もっとも強力なものは、自身の人生や仕事において大きな目的・志

営業人として会社のブランドや商品力は顧客創造のためには非常に重要なことだニャ。しかし、こうしたものに営業がのっかって受け身の営業になったらダメだニャ。顧客から問い合わせがあり、常に向こうから買いに来る状況であれば営業はいらないニャ。つまり看板に乗っかって仕事をしているとあなた自身の存在価値と仕事がなくなることになるニャ。だからこそ看板に乗っからず、常に攻める。会社のブランド力や商品力を構築してくれた先人や仲間に感謝し、そこから発展させる。看板を磨き、新たな看板を打ち立てる気概で仕事をしないと駄目だニャ。

を持つこと、その目的・志と現在の営業の仕事がつながっている状況にすることだと思います。しかし、現実的にはこうした状況をいきなり創り出すのは難しいかもしれません。特に若い人であれば、人生や仕事の目的・志はこれからつくっていく段階にあるのかもしれないからです。

そのため、断られるのが当たり前の状況を苦にすることなく、前に進んでいく原動力を生み出していくための現実的な第一歩として**「小さな義を見出し積み重ねていくこと」**が挙げられます。ここでいう「小さな義」とは、自身が扱っている商品・サービスの顧客に対するお役立ちの実際の事例・効用のことを指します。自社の商品サービスがどのように顧客に役立っているのか、お役立ちの中身についてしっかりと分析することです。

相手の断りにひるむ大きな原因の一つとして「必要とされていないこと」→「役に立たない」→「自信喪失」→「行動力低下」という流れがあります。しかし現実には、すでにリリースされている商品・サービスであれば必ずお役に立っていて、使っている顧客が存在しているはずです。まずはそこに着目して、自社の商品サービスがどんな点でお役に立てているのか、どのような顧客のどのような課題、ニーズに対して、どのように自社商品・サービスが使われているのか、どのような点（特徴）を評価していただいているのか、どのような効用が生み出されているのかについて徹底的に調べることが重要です。こうした知は、社内の人やデータベースに蓄積されています。チャンスがあれば既存顧客から聞くことも考えられます。自分から主体的に情報収集を行うことで、まずは「お役立ちの実際の事例」に数多く触れることが大切です。

このことによって、お役立ちの実感が涌いてくれば、「必ずお役に立てる顧客は存在する。お役に立てる点がある」ことがわかり、「自社の商品・サービスに対する誇りや愛着」「自分はお役に立てる存在である」といった信念を構築していくことができます。そして、このことが断りを乗り越える原動力として、自らの中に火を灯すきっかけになるのです。

君子は義に喩《さと》り小人は利に喩る。（『論語』里仁第四）

君子は正義に明るく、小人は利益に明るい。

（『論語』金谷治訳注　岩波書店）

自社理解の情報収集は、会社の社史や広報、創業者の自伝などを読むことが有効だゴウ。

またOBを訪ねて昔の苦労話を聞いたり、会社の中でも社歴の古い人に声をかけて、会社のこれまでの沿革について話を聞くことも有効だと思うゴウよ。自分が現在所属している会社の状況をつくってきた先人の想いや努力に触れると、自社や自社の商品サービスに対する想いが変わってくるゴウよ。

論語営業解釈：立派な営業は常に相手にとってのお役立ちを考える。未熟な営業は常に目先の自身の利を考える。

また、さらに対象を広げて商品・サービスを提供している自社理解について探究することも重要です。次のステップとして「**小さな義の背景にある大きな義を見出す努力をすること**」も原動力を生み出すことにつながると思います。現在まで自社が存続しているという事実の背景には、必ず確実に顧客や社会のお役に立ってきた歴史があります。創業者は何を考えて、会社をつくったのか、どのようなビジョンを描いていたのか、自社を支えてきた先人はどのような考えを持って事業を行なってきたのか、顧客や社会へのお役立ちはどのような変遷を辿ってきたのか、現在の経営陣はどのような価値観を大切にし、何を使命と考え、どのような未来を描いているのかなど、自社理解を深めるための問いを立て、自分なりに情報収集していくことも有効です。そのことにより、それまで気がつかなかった「大きな義」を見出せることもあるでしょう。また、仮にそこに「大きな義」を見出せなくても、自社ならではの良さや、自身が共感できる点を見つけることができれば、営業の原動力につながるはずです。今日の自社の状況をつくり上げてきた多くの先人への敬意と感謝の念が涌いてくることもあるかもしれません。現在の自分の足元、立っている組織の根本を深堀りすることが、断りにひるまず、挑み続ける自身の原動力につながるのです。

第3ステップ「勇の発動」

◆常在戦場〜お役立ちの戦でポジティブに行動する

当然のことですが、営業は常に数字目標を背負って仕事をしています。数字目標が達成できなければ、自身の立場や仕事の存続は危うくなります。数字が出なければ自身の給料はなし、必要経費も自身で負担するということで構わないのであれば、そこに何ら問題はありません。

しかし、生活をしていくためには収入が必要です。給料をもらっている以上、売上を常に上げ続けていくことは必ず求められることで、当たり前のことなのです。最低でも給料と自身の営業活動にかかっている諸経費分に見合う売上を上げられなければ、組織や仲間の足を引っ張っている状態ということになります。そうした意味では**「常に戦場にいるという危機意識を持つ」**ことが重要です。

しかし、逆に数字そのものだけを意識しすぎると、その重圧に押しつぶされることもあります。数字がすべての目的となり、仕事のやりがいや自分自身を見失うこともあります。そうなると負のスパイラルにはまってしまい、結果として強く意識していた数字そのものも達成できなくなります。

　そうした負のスパイラルを回避するために**「数字目標に対する捉え方を正す」**必要があります。そもそもビジネスの戦場とは通常の戦場と違い、「相手を倒す」のではなく「相手のお役に立つ」お役立ちの戦、つまり他者に役立つための競争です。他者の役に立つこと＝「義」を実行した結果が数字として現れるのです。そう考えると数字目標とは、お役立ち目標であり、自分自身が努力して築き上げた社会や顧客からの信頼の積み重ねの結果といえます。そういう意味では、数字目標とは決してネガティブなものではなく、自らが主体的に挑戦するポジティブなものとして捉えられるのではないでしょうか。そこに楽はありませんが、成長があり、達成の喜びがあり、充実があり、楽しみや営業の面白さを見出せるものです。

　義を見出すには「お役立ち軍配団扇のワークシート」を使うと便利だニャ。こちらのQRコードからダウンロードできるニャ。

次に重要なことは、目の前の壁を乗り越えるため、とにかく**「行動すること」**です。

義を見て為さざるは勇なきなり。（『論語』為政第二）

行うべきことを前にしながら行わないのは、臆病者である。

（『論語』金谷治訳注　岩波書店）

論語営業解釈：正しい道（お役立ちの方向性）が明確になったのに行動しないのは勇気がないからである。

小さな義、もしくは大きな義を見出したら、ひたすら義に向かって力強く行動することです。自らが行動することでしか現状を変える手立てはありません。目標を達成するため、計画的に粘り強く行動していくことが求められます。自らの行動によって営業活動に勢いをつくり出していくのです。行動することで、机上では考えつかなかったアイデアやヒントを顧客から得られたり、予想もしなった展開が生まれたりすることがあります。

行動する前から、いろいろとネガティブに考えて実行力が低下する人がいますが、あれこれ狭い自身の世界で考えて、思い込みをしても何の益もありません。まずは信念を持って、義に向かって行動することです。行動することが自身の不安を消し去り、営業の見通しをよくすることにつながっていきます。

さらに、勇の発動を**「新たな戦略を見出すこと」**に向けていくことも重要です。自社の商品・サービス・ソリューションはこれまで見出されてきたお役立ちのターゲット以外にも、お役に立てるところがあるかもしれません。また、当初考えていた用途・効用以外にも別の用途や効用があるかもしれません。先輩が引いた営業の路線をなぞるだけでなく、あらたなターゲットやポジショニングを考え、見出すことも大切であり、そのためには常に問題意識を持ち自らに問いを立て行動していくことが重要です。

苟《まこと》に日に新たに、日日に新たに、又日に新たなれ。（『大学』第二章）

まことに一日新鮮になり、日々新しくなって、さらにまた日ごとに新しくなれ。

（『大学・中庸』金谷治訳注　岩波書店）

◆前進あるのみ

断りにめげない持続力を強化するために、第1ステップ「肚をくくる」、第2ステップ「義を見出す」、第3ステップ「勇の発動」について説明してきました。まとめとして、『孟子』の章中の孔子の言葉を紹介します。孔子の気魄《きはく》にならって自らを奮い立たせていきたいものです。

自ら反《かえり》みて縮《なお》くんば千万人と雖も我往かん。（『孟子』公孫丑章句上）

自分はあくまで正しいと思うときは、たとえ相手が千万人あろうとも、断じてあとへは一歩も退かぬ。これこそ本当の勇気というものだ。

（『孟子』上　小林勝人訳注　岩波書店）

泥の中（失敗）から這い上がり
伸びて花を咲かせる蓮となる

顧客を創造する開拓力
――論語営業マインド「仁」「誠」「礼」の醸成と実践

◆顧客が求めている営業の在り方

ここからは、顧客を創造するための営業プロセスについて考えていきたいと思います。まず、顧客は営業についてどう考えているのかについて触れます。私は2020年1月～6月にかけて社員数1000名以上の製造業を中心に、「評価できない営業パーソンの行動特性」について367名の購買担当者に対してアンケート調査を実施しました。図表2のアンケート内容で、評価できない営業パーソンの行動特性について1位～3位までを挙げてもらい、その後、私がウェイト（1位3点、2位2点、3位1点）をつけて合計得点を割り出しました。その結果が図表3になります。

評価できない営業パーソンの行動特性の1位は、297点のJ「自己中心、受注後フォローアップがない」でした。また、2位は251点のF「自社製品、サービスへの理解不足、自信の欠如」、3位は233点のE「取引先の業務についての理解不足」という結果になりました。

図表 2

購買担当者から見た営業パーソンについての評価

あなたが、評価できない（嫌いな）営業パーゾンの行動特性について、下記より3つピックアップして優先順位の高い順に記載してください。

評価できない営業パーソンの行動特性

A. 強引、しつこい
B. ニーズに耳を傾けない
C. ビジネスマナーの悪さ（馴れ馴れしい、無礼）
D. 提案が大げさ、オーバートーク
E. 取引先の業務についての理解不足
F. 自社製品、サービスへの理解不足、自信の欠如
G. 競合他社に関して無関心、研究不足
H. 口べた
I. 解決策を説明しない
J. 自己中心、受注後フォローアップがない
K. 購買側の事情を考慮しない（意思決定プロセス、時期 etc）

1 位	
2 位	
3 位	

図表 3 「購買担当者から見た営業パーソンについての評価」アンケート集計表

		評価出来ない営業パーソンの行動特性　1位:「3」、2位:「2」、3位:「1」										
		A	B	C	D	E	F	G	H	I	J	K
1位	367名	47	35	38	29	35	40	20	5	37	48	29
3点	点数	141	105	114	87	105	120	60	15	111	144	87
2位	367名	25	43	37	19	50	42	23	3	36	50	37
2点	点数	50	86	74	38	100	84	46	6	72	100	74
3位	367名	32	36	32	15	28	47	41	2	43	53	32
1点	点数	32	36	32	15	28	47	41	2	43	53	32
367名 点数合計		223	227	220	140	233	251	147	23	226	297	193
						3位	2位				1位	

その他、200点を超えているのが227点のB「ニーズに耳を傾けない」、226点のI「解決策を説明しない」223点のA「強引、しつこい」、220点のC「ビジネスマナーの悪さ（馴れ馴れしい、無礼）」の順となっています。

一方で得点がもっとも低かったのが、23点のH「口べた」です。そして140点のD「提案が大げさ、オーバートーク」、147点のG「競合他社に関して無関心、研究不足」の順となっています。

この結果から私たち営業が読み取るべきことは何でしょうか。まずいえることは顧客へのお役立ちを直接的に損ねる可能性が高いものが軒並みに上位になっている点が挙げられます。

「自己中心、受注後フォローアップがない」「自社製品、サービスへの理解不足、自信の欠如」「取引先の業務についての理解不足」の上位3つは、すべて顧客へのお役立ちに直接影響を及ぼす項目です。論語営業にとって最も大切な徳目である「仁」の欠如に当てはまります。その次に高い「ニーズに耳を傾けない」「解決策を説明しない」も「仁」に関する項目であり、直接顧客のお役立ちに影響を与えるものといえます。

そしてその次に「強引、しつこい」「ビジネスマナーの悪さ（馴れ馴れしい、無礼）」といった「礼」に関することに続きます。

己れの欲せざる所、人に施すこと勿《な》かれ。（『論語』衛霊公第十五）

自分の望まないことを人にしむけないことだ

（『論語』金谷治訳注　岩波書店）

論語営業解釈：自分がされたくないことを顧客にしないことだ。

一方でもっとも低かったのが「口べた」で、得点も他と比べて大幅に低い点数でした。口べたであることが望ましいとはいえませんが、顧客にとってはそれほどマイナス評価にはならないということが、アンケート調査から覗えます。

剛毅朴訥《ごうきぼくとつ》仁に近し（『論語』子路第十三）

まっ正直で勇敢で質実で寡黙なのは、仁徳に近い

（『論語』金谷治訳注　岩波書店）

論語営業解釈：口べたで不器用でも、強い意志を持ち顧客のお役立ちを意識して、一生懸命努力する営業は仁に近いといえる。

今回のアンケート結果をもとにして、「顧客の求める営業とは何か」という問いに対して文章化して答えると次のようになります。

「自社製品、サービスに誇りを持ち、その性能や効用を熟知し、顧客の業務について理解を深め、ニーズに耳を傾け理解し、顧客の問題解決につながる提案をする。そして受注後も顧客の成果につながるようしっかりフォローをする。自社の競合他社を研究したり、提案の仕方（デリバリー）を研究するのもよいが、最も重要なことは顧客への現実的なお役立ちである。口べたであることは大きな問題はない。むしろ仁が少ないほうが問題である」

正に仁が求められているのです。

巧言令色《こうげんれいしょく》、鮮《すく》なし仁。（『論語』陽貨第十七）

ことば上手の顔よしでは、ほとんど無いものだよ、仁の徳は

（『論語』金谷治訳注　岩波書店）

論語営業解釈：目先のうまい話ばかりを並べる言葉巧みな営業は、信用できないものだ。

仁者は己れ立たんと欲して人を立て、己れ達せんと欲して人を達す。（『論語』雍也第六）

仁の人は、自分が立ちたいと思えば人を立たせてやり、自分が行きつきたいと思えば人を行きつかせてやって、（他人のことでも自分の）身近にひきくらべることができる、（そういうのが）仁のてだてだといえるだろう

（『論語』金谷治訳注　岩波書店）

論語営業解釈：論語営業の実践者は、自分が成功したいと思う意識を顧客へのお役立ちに転換、集中し、自分が売上を上げたい、業績目標を達成したいと思う意識を、顧客の目標達成支援に転換、集中する。

ステークホルダーを巻き込む
顧客創造(交渉)プロセス　JINメソッド

それでは、具体的に顧客を創造するための営業の中身に入っていきます。全体像「顧客創造(交渉)プロセス　JINメソッド[10]」(図表4)を提示しながら説明します。

顧客インターフェイスにおける関係の深化

顧客との関係は「無」関係→「知合」関係→「取引」関係→「同志」関係の四段階があります。新規開拓の場合は、「無」関係からスタートします。顧客にアプローチをして、自社を相手に知ってもらう、また同時に相手を知るための活動を行います。この段階が「知合」関係になります。

次に、顧客のニーズを満たすソリューション[11]の提案がうまくできれば取引成立となり「取引」関係に移行します。そして製品・サービスを競争力のある市場価格でタイムリーに納品するといった「取引」関係の形を通して、信頼が形成されます。さらに顧客との関

図表4　営業人の役割　Co-creative Interface Builder

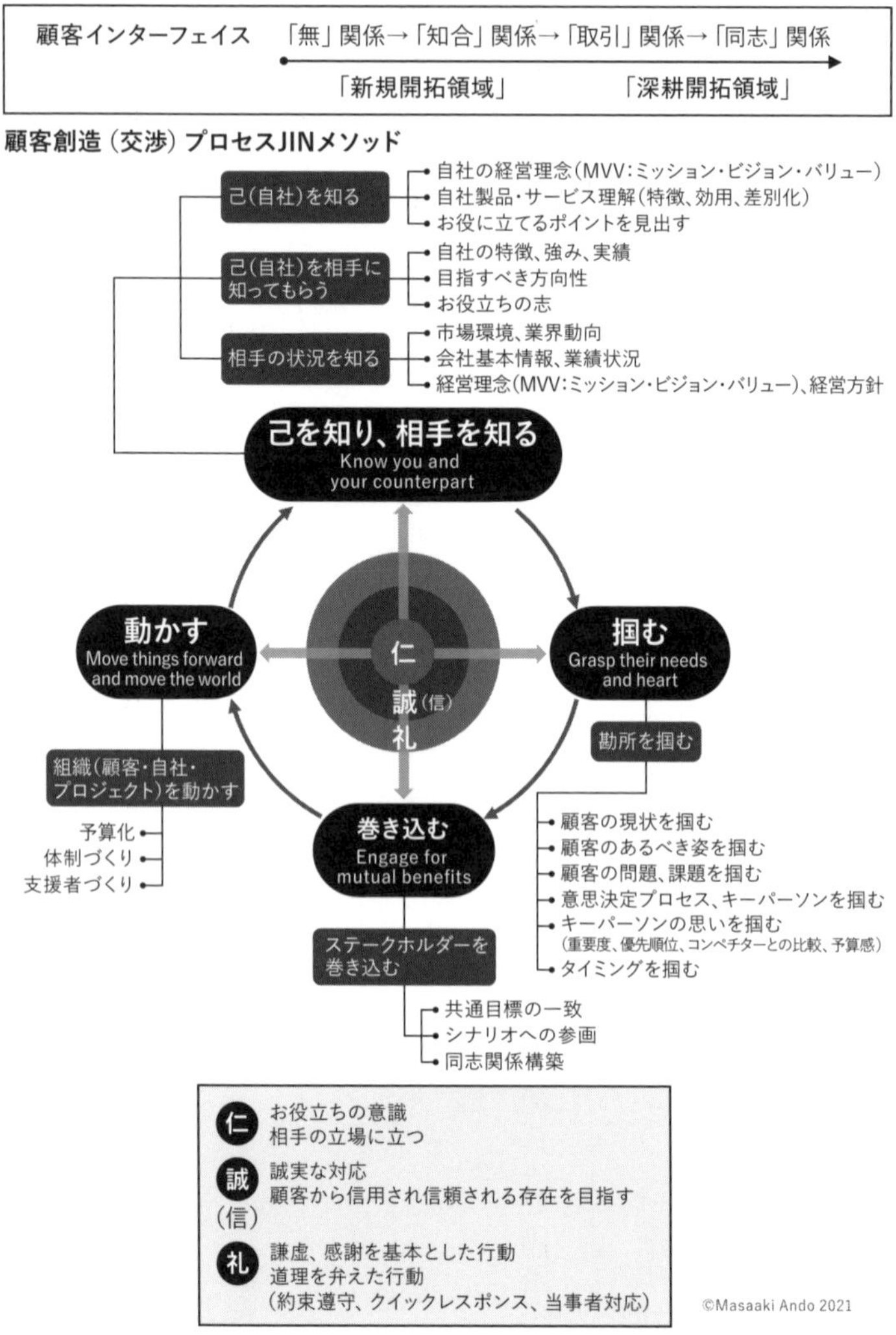
顧客インターフェイス
「無」関係→「知合」関係→「取引」関係→「同志」関係
「新規開拓領域」
「深耕開拓領域」
顧客創造（交渉）プロセスJINメソッド
己（自社）を知る
自社の経営理念（MVV：ミッション・ビジョン・バリュー）
自社製品・サービス理解（特徴、効用、差別化）
お役に立てるポイントを見出す
己（自社）を相手に知ってもらう
自社の特徴、強み、実績
目指すべき方向性
お役立ちの志
相手の状況を知る
市場環境、業界動向
会社基本情報、業績状況
経営理念（MVV：ミッション・ビジョン・バリュー）、経営方針
己を知り、相手を知る
Know you and your counterpart
掴む
Grasp their needs and heart
勘所を掴む
顧客の現状を掴む
顧客のあるべき姿を掴む
顧客の問題、課題を掴む
意思決定プロセス、キーパーソンを掴む
キーパーソンの思いを掴む
（重要度、優先順位、コンペチターとの比較、予算感）
タイミングを掴む
巻き込む
Engage for mutual benefits
ステークホルダーを巻き込む
共通目標の一致
シナリオへの参画
同志関係構築
動かす
Move things forward and move the world
組織（顧客・自社・プロジェクト）を動かす
予算化
体制づくり
支援者づくり
仁
誠（信）
礼
仁　お役立ちの意識
相手の立場に立つ
誠（信）　誠実な対応
顧客から信用され信頼される存在を目指す
礼　謙虚、感謝を基本とした行動
道理を弁えた行動
（約束遵守、クイックレスポンス、当事者対応）
©Masaaki Ando 2021

係が深化すると単なる価値交換ではなく、お互いの共通目標の実現を目的として、売り手買い手の立場を超えた協働的関係を構築する価値創造の形「同志」関係に移行する場合もあります。「同志」関係となれば、中長期の関係となり、顧客にとって自社は協働で問題解決を図るパートナーとしての位置づけになります。営業としてはいかにして「無」関係から、「知合」関係を創出し、「取引」関係、「同志」関係に深化させていくのかが重要なカギとなります。

顧客創造(交渉)プロセスJ－Nメソッド

顧客創造で重要なことは営業アプローチの「量」と「質」です(図表5)。

量とはお役立ちのアプローチをできるだけ多く

図表5　Hit the target

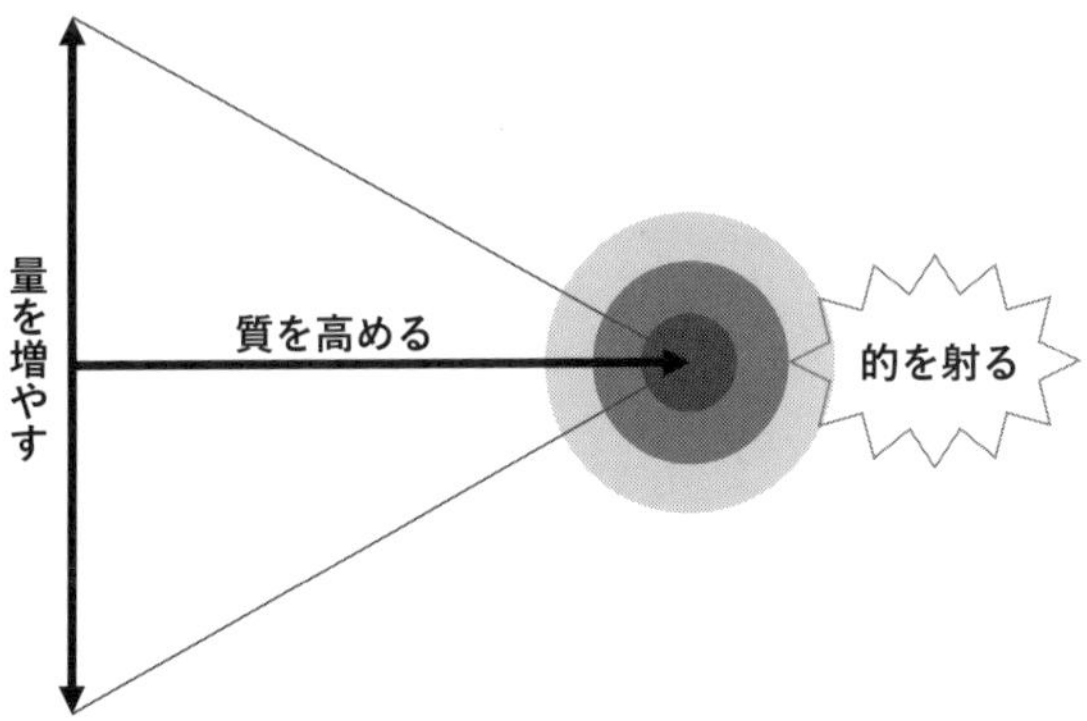

の対象に行うこと、質とは顧客とのインターフェイスにおける交渉（商談）の質を高めることです。つまり、できるだけ多くのお役立ちの矢を放つ、そして同時にお役立ちの矢を放つ精度を高めることが重要です。そうすれば必ず的を射る確率を上げることができます。量を増やすには、Webマーケティングや展示会、DM、TELアプローチなどさまざまな手段があります。この部分は営業個人の仕事を超えた組織としての営業戦略にも関わってきます。組織の営業戦略と連動し、戦略的に進めていく必要があります。

顧客創造（交渉）プロセスは「質」の部分に該当します。「質」の領域は営業の腕次第といえます。ここではお役立ちの矢を放つ精度を高め的を射る確率を上げるための方策を考えていきたいと思います。

顧客創造（交渉）プロセスは、論語営業のマインドとして「仁」「誠」「礼」を中心に置き、「己を知り相手を知る」「掴む」「巻き込む」「動かす」の4つのアプローチで進めていきます。

論語営業マインドの「仁」についてはこれまで詳しく説明してきました。わかりやすくいえば「お役立ちの意識を常に営業活動の中心に置く」「相手（顧客）の立場に立つ」ことです。これが論語営業の根幹であり、拠り所になります。自分の給料は誰からもらっているのでしょうか？　会社からもらっている人は損益がマイナスの営業です。自分の給料や経費を自身の業績で賄えないため会社に負担してもらっているのです。本来、営業は自分の給与は顧客からもらっていると考えるべきです。顧客からお役立ちの対価として会社が受け取り、そこから給料が支払われます。このことから考えても、営業活動とは顧客へのお役立ちが前提であり、自分本位では成り立たないものなのです。だからこそ「仁」は営業の根幹であり、拠り所なのです。

次に、「誠」(信)になります。誠実な対応を基本とする、顧客から信用され、信頼される存在を目指すということです。そのためには自身のマーケティング哲学を「誠」(信)、を軸にすることが重要です。私がゼロから営業を教えていただいた会社である株式会社ジェックの創業者宮本義臣氏は、マーケティングの考え方として顧客を賢者と捉えることの重要性を説きました。その考え方とは、「条件さえ整えば、買い手の利益を最大にしようとする売り手の誠意は買い手に通じるものであり、買い手の利益(満足)を最大にすることが長期的にみて売り手の利益を最大にする道である。但し薄利多売主義は必ずしも買い手の利益を最大にする道ではない」というマーケティング哲学です。彼は企業経営においても営業としても中長期にわたって成功していくためには、顧客を愚者と捉えたマーケティング哲学「売り手が買い手の利益を最大にしようと努めても、買い手は売り手の利益を最大にしようとはしない。つきつめれば、売り手と買い手の関係は喰うか喰われるかの関係であるから、要領のよい商売上手が得をすることになる」という考え方から抜け出すことの重要性を説いていました。

人にして信なくんば、其の可なることを知らざるなり。大車輗《げい》なく小車軏《げつ》なくんば其れ何を以てかこれを行《や》らんや。（『論語』為政第二）

人として信義がなければ、うまくやっていけるはずがない。牛車に轅《ながえ》のはしの横木がなく馬車に轅のはしのくびき止めがないのでは、「牛馬をつなぐこともできない」一体どうやって動かせようか。

（『論語』金谷治訳注　岩波書店）

> **論語営業解釈：人としての信用がなければ、営業はできない。人としての信用が得られないのにどうして顧客を創造できようか。**

誠なる者は物の終始なり。誠ならざれば物なし。（『中庸』第十四章）

誠が身についた人は物ごとの始まりと終りを定め（てそれぞれを成り立た

せ〕る。誠によって［誠実］に行なうのでなければ、物ごとは［成り立たず］存在しないことになるのだ。（『大学・中庸』　金谷治訳注　岩波書店）

渋沢栄一も次の言葉を残しています。

信用は実に資本であって商売繁盛の根底である。

（渋沢栄一訓言集「実業と経済」）

世に至誠ほど根底の深い威力のあるものはない。この至誠を吐露し、偽らず飾らざる自己の衷情を表顕して人に対するならば、なんでことさら法や術を用いるの必要があろう。如何に無口なところいわゆる交際下手な人でも、至誠をもって交われば、必ず相手に通ぜぬということはない。巧妙に饒舌《しゃべ》っても、心に至誠を欠いての談話なら、相手をして軽薄と感ぜしむるほか、なんらの効果もないものである。ゆえに余は、交際の秘訣は誰一片の至誠に帰着するものであると言いたい。もし人に対した時、偽らず、飾らず自己の衷情を流露し、対座の瞬間において、まったく心を打ちこんでしまうことができるならば、それは百の交際術、千

の社交法を用いたよりも、遥かに超絶した交際の結果を収得することができようと思う。（『渋沢百訓』渋沢栄一　角川書店）

そして、「礼」になります。営業にとって「礼」とは「仁」と「誠」（信）を表現した形といえるものです。悪気はなくても「礼」を失すると「仁」や「誠」（信）が伝わらなくなります。また形だけの「礼」はそもそも意味がありません。あくまでも「仁」「誠」（信）を核とした「礼」であることが重要です。謙虚、感謝を基本とした行動、道理を弁えた行動をとることを心掛けることです。具体的な姿勢としては約束遵守、クイックレスポンスや当事者対応などを徹底することです。

渋沢栄一と交流が深かったセイコーの創業者服部金太郎の有名な「礼」に関する話があります。

必ず約束を守る

横浜の外国商館は、新しい時計や珍しい時計を優先して服部時計店に卸したといわれています。当時の日本はまだ年に二回盆暮れに清算する江戸時代の商習慣が残っていましたが金太郎はどんな困難な時でも1ヶ月ごとの支払いの約束を守りました。これにより外国商館から信用を得ることができ、服部時計店は短期間でめざましい躍進をとげ、金太郎は輸入時計の卸や販売に集中していくことになります。

関東大震災

1923（大正12）年、創業以来の非常事態にみまわれます。関東大震災による火災で工場が全焼し、時計や自邸も燃え、大変な被害を受けます。すでに62歳となり、一度は落胆した金太郎でしたが、すぐさま精工舎の再開を宣言し、復興を開始しました。また、顧客から修理のため預かっていた時計が1500個余りありましたが、金太郎は顧客に迷惑をかけないという姿勢を貫き、同程度の新品をもって返済し、大きな話題となりました。

（「セイコーミュージアム銀座」展示文より）

服部金太郎の「礼」を尽くした在り方は、とてつもなく偉大なことだと思います。こうしたことを真似することは難しいことかもしれません。しかし、我々営業人はこうした偉大な先哲の在り方に触れて学び、自身の営業哲学の中心に刻み込んでいくことはできます。そして、自分なりに行動で示していくことが重要であると考えています。

「仁」「誠」(信)「礼」を中心にして四段階を進む

◆「己を知り相手を知る」

まずは「知る」から始めます。「知る」には3つあります。1つは「己(自社)を知る」2つ目は「己(自社)を相手に知ってもらう」3つ目は「相手の状況を知る」ことです。

「己(自社)を知る」ということは、①自社の経営理念(MVV:ミッション・ビジョン・バリュー)、②自社製品・サービス理解(特徴、効用、差別化)、③お役に立てるポイントを見出す(仮説形成)の3つです。まずは自社や製品・サービスに自信と誇りをしっかりと持てる状態まで高めることが必要です。これまでの会社の実績を検証して、自身が担当する商品・サービス、もしくはターゲット顧客に対して、自分なりのさまざまなお役立ち仮説を構築することが求められます。

「己(自社)を相手に知ってもらう」ということは、①自社の特徴、強み、実績、②目指すべき方向性、お役立ちの志について相手にしっかり理解してもらえるよう努力することです。商談を重ねても、相手はこちらが考えているほど当方の説明した内容を覚えてくれていないものです。相手は多くの会社の営業と普段から商談をしています。その中で、記憶に留めてもらえるようにするためにどうすればよいかをしっかりと考える必要があります。わかりやすく、インパクトがあり、信頼につながる説明などを自分で工夫し磨き続けていくことです。

「相手の状況を知る」ということは①市場環境、業界動向、②会社基本情報、業績状況、③経営理念（MVV：ミッション・ビジョン・バリュー）などについて理解を深めることです。経営方針は最初に理解しておく必要があります。こうした情報はHPなどで調べることができ、相手の状況を知ることはお役立ちの糸口を掴む第一歩になります。

人の己れを知らざることを患《うれ》えず、人を知らざることを患う。

（『論語』学而第一）

お客様との信頼も大事だけど、同じように自分の会社との信頼関係も大事だニャ。それは会社と約束した年間の売上目標を必ず達成することだニャ。組織と自分との約束だからそこを破ってしまうと信用がなくなって、重要な仕事が回ってこなくなり、組織からの期待も薄くなるニャ。頑張っていても目標未達が多い場合は、目標の立て方や計画が間違っている場合もあるけど、自分の給料分も稼げないということは絶対にないようにしようニャ。

人が自分を知ってくれないことを気にかけないで、人を知らないことに気をかけることだ。(『論語』　金谷治訳注　岩波書店)

論語営業解釈：顧客が自社を知らない、自分を覚えてくれていないことを憂うのではなく、まず自分が顧客を知らない顧客への理解が足りないことを反省すべきである。

◆「掴む」

次に、「掴む」段階に入ります。掴むとは、商談の成約のために「勘所をつかむ」ことです。営業で商談を成約に導いていくためには売れる商談をすること(商談の内容の質)がもちろん大切ですが、それだけでは成約に至ることはできません。実戦の場では、売れる人に会い、売れるタイミングで売れる商談をすること、この3つがそろわなければ成約には至りません。つまり「内容」「人」「時」の3つを押さえる必要があります。「内容」を押さえるためには、①顧客の現状を掴む、②顧客のあるべき姿を掴む、③顧客の問題・課題を掴むことが必要です。「人」を押さえるためには、④意思決定のプロセス・キーパーソンを掴む、⑤キーパーソンの思い・心を掴む。そして「時」を押さえるためには、⑥タイミングを掴む。以上、6つのポイントを掴むことが必須になります。

◆「巻き込む」

勘所を掴んだうえで「ステークホルダーを巻き込む」段階に入ります。巻き込むとは、1本にまとめること、合一の状態へ持ち込むことを指します。そのためには、①共通目標の一致、②シナリオへの参画、③同志関係構築の3つが重要です。

共通目標とは、先方があるべき姿を実現するために自社を特定分野におけるパートナーとして認めることで、（あるべき姿実現にむけての）共通目標を構築することです。シナリオとは、共通目標を達成するためのストーリーであり青写真（提案書）になります。営業側が提示しますが、相手もそこに主体的に参画している状態にすることが重要なポイントです。同時に、シナリオは共通目標達成に向けての成功イメージが具体的に描ける現実的なものでなければなりません。同志関係構築とは、営業と顧客という垣根を越えて共通目標を達成するために協働で取り組める人を、顧客先（キーパーソン）につくることです。問題意識の高い同志関係の人物が顧客先に存在するかしないかで、案件の成否を大きく左右します。営業にとっては単に受注がゴールではなく、顧客へのお役立ちがゴールであり、それを実現するためにはキーパーソンとの同志関係構築は非常に重要なファクターになります。

「共通目標の一致」「シナリオへの参画」「同志関係構築」、この3つをそろえることが「巻き込む」段階での重要なポイントになります。

◆「動かす」

そしていよいよ組織(顧客・自社・プロジェクト)を動かす段階になります。ここでは①予算化、②体制づくり、③支援者づくりの3つが重要です。詰めが甘く失注すれば、ここまでの努力が水の泡になります。大型案件であればあるほど中長期のものとなるため、失注すればしばらくはその顧客による受注機会は失われます。

失注リスクを回避するため、顧客側のキーパーソンが社内調整・説得をスムーズに進められるように、これからの支援を全力で行う必要があります。そのためには営業側が社内のリソースをフルに活用し、顧客キーパーソンに対して援護射撃を常に繰り出せる体制をつくっておくことが求められます。同時に顧客側についてもキーパーソンだけでなく、後ろ盾となっていただけるような支援者も構築して、最後の詰めの段階で後押ししていただくことも威力を発揮します。

ここで重要なことは、あくまで自分や自社の利益を中心に考えて動くのではなく、顧客へのお役立ちを実現するために動く、共通目標・志実現のために動く、結果として自社の業績を確保するという、論語営業としての士魂商才、義利合一[12]の姿勢のスタンスを貫くことが重要です。

営業にとって受注はゴールと捉えられがちですが、顧客からみればスタートにすぎません。自社にとっても受注からが始まりであり、顧客に対してしっかり価値提供を行い、顧客の問題解決・課題解決のお役に立てるのかが問われます。まだ何も始まっていないのです。

受注して自己の目標達成をして喜んでいる営業は意識が自分にしか向いていません。目標達成は営業にとって非常にうれしいことでありますが、ここからが会社としては顧客に対する仕事のスタートであることを忘れずにしっかりと顧客をフォローしていくことが重要です。

キーパーソンかどうかを判断する近道があるニャ。一つはクロージングをかけること。つまり「いかかでしょうか」と決断を迫ると、その反応から相手に権限があるかどうかわかるニャ。あとは相手の行動を観察することも有効だニャ。約束したアクション(例・次回上司をセッティングして打ち合わせをしましょう)など具体的に細かい約束を迅速に行動に移してくれるかどうかだニャ。ここで当事者意識の度合いがわかるニャ。この人は残念ながらキーパーソンではないとわかったら、お役立ちは難しいので、別の人に当たっていく必要があるニャ。

【注釈】

8 経験や教育などから固定化された思考のこと。

9 物事の接点、境界。異なるものを仲介すること。

10 方法、やり方。

11 問題を解決すること。

12「義」と「利」を両立させること。二松学舎の創立者三島中洲が提唱した概念。渋沢栄一の道徳経済合一説に影響を与えた。

士魂商才

智コラム❸　王陽明と陽明学について

王陽明（1472〜1528年）は明の時代の思想家です。中国の余姚で生まれ、儒教の中に陽明学を確立しました。最初は朱子学を学びますが、納得できず、任侠、騎射、辞章、神仙、仏教と道をもとめて試行錯誤します（陽明の五溺）。28歳で官途につきますが、35歳で宦官劉瑾の反発を買い、貴州竜場に流謫されます。そこで「心即理」テーゼを見出します（竜場の大悟）。その後の都に戻り、軍略家として活躍します。寧王の反乱を鎮めたのを中心にして、各地の反乱鎮圧に大きな功績を挙げました。

50歳を過ぎ「致良知」のテーゼを打ち出します。50歳から56歳にかけて郷里で過ごし、弟子達と研鑽を重ね陽明学をまとめ上げることになります。最期は56歳の時に江西省の反乱平定の命が下り、病気の体でありながら出陣することになりました。短期間で反乱を平定しますが、凱旋途中に病状が悪化して57歳で逝去します。

最期に弟子の「何か言い残すことはありませんか？」の問いに対して、かすかな笑顔をうかべて「この心光明なり、また何をかいわん」という言葉を残したと言われています。

『伝習録』は王陽明が47歳の時に門人の手によって刊行され、その後、改良が重ねられ、王陽明が亡くなった後、1556年に現行の三巻が完成しています。

陽明学は日本には江戸時代初期に伝わり、近江聖人と言われた中江藤樹が、陽明学を日本に広める起点となりました。江戸時代後期に昌平黌の儒官を務めた佐藤一斎は、陽明学を弟子達に教え「陽朱陰王」(表は朱子学を説き、裏では陽明学を信奉すること)と呼ばれました。著書の『言志四録』は有名で、西郷隆盛の愛読書でした。弟子の中には山田方谷、佐久間象山、渡辺崋山、横井小楠などがいます。

山田方谷は備中松山藩の藩政改革を行い、備中聖人と言われたことで有名ですが、弟子には河井継之助、三島中洲がいます。河井継之助は司馬遼太郎の小説『峠』の主人公になった長岡藩の家老、軍事総督です。

三島中洲は漢学塾二松学舎を設立し、渋沢栄一と親交が深く、「義利合一」を唱えた漢学者です。

他にも陽明学を学び大きな影響を受けた人物としては、吉田松陰、久坂玄瑞、高杉晋作、西郷隆盛、渋沢栄一、新渡戸稲造、内村鑑三など多岐に渡ります。陽明学は日本では明治時代にもっとも盛んになりました。孫文や蒋介石が日本の明治維新以降の発展のベースに陽明学があるという認識を持っていたことは有名な話です。

渋沢栄一が陽明学に関して述べている記述があるので紹介します。

世の森羅万象一として学問ならざるはなしで、延《ひ》いては学問すなわち事業、事業すなわち学問ということになり、事業を離れて学問を求むることもできなければ、学問を離れて事業を求むることもできないという点に落ちてゆく。王陽明の「知行合一」説はこの点において、もっとも価値あるもので、学問と実際とは接近せしむるところは、かの朱子学一派の輩をして顔色無からしめておる。しかして、精神修養の一助として陽明学を推す所以もまた、じつにここに存しておるのである。

（『渋沢百訓』渋沢栄一　角川学芸出版）

第4章

営業人《Co-creative Interface Builder》としての軸を固める

今求められる営業の役割とは

「仏作って魂入れず」という言葉がありますが、営業に関しても最終的には自分が営業という仕事にどう向き合っていくのか、自分自身の営業の在り方・軸を固める、つまり「営業に魂を入れる」ことが重要です。そのためにまず、今後求められる営業の役割について考えていきましょう。

２０２０年を境に営業の世界も大きな変化が起こりました。顧客のテレワーク化が進み、訪問プッシュ型の営業活動が困難な状況になったこと、それに伴いＢtoＢマーケティング[13]の領域にもプル型のＷｅｂマーケティングへの投資が加速したこと、従来の営業活動も対面中心からオンライン化へのシフトが起こったことなどです。さらに、「人」としての営業が担う役割も大きく変化してきました。顧客インターフェイスにおいて中心的な役割を果たしてきた「人」としての営業の存在意義が、より問われるようになったのです。ニーズが顕在化している顧客には、インターネットでキーワード検索をした際に自社商品・サービスが上位掲載される状況をつくることが重要であり、商品・サービスの説明については、魅力的な動画を製作して見てもらえばよいのです。単純なサービス提供対価の交換の領域の仕事において「人」としての営業の出番はなくなりつつあります。そのため営業は、より大きな付加価値を生み出す高度な領域を担う存在になる必要性があるといえます。

そうした意味ではマーケティング4P[14]の一つであるプロモーションの一部であるセリングの担い手（売り子・セールス）としての地位に甘んじるのではなく、マーケティングの一角を担うマーケティングの5P（パーソナルエージェント）「営業人」としての地位を確立する気概が必要だと思います。その存在を私はCo-creative Interface Builderと呼んでいます。

ピーター・F・ドラッカー[15]は、著書『マネジメント』の中で「マーケティングの究極の目標は、セリングを不要にすることだ」と述べています。単に売り子としてのセールスは不要という未来が到来するかもしれません。営業は企業のプロモーションの一部としてのセリングを担う一機能ではなく、顧客と自社のインターフェイスを司り、価値交換・価値創造の関係を創り出すカタリスト（触媒）であるという、自らの役割の再定義が必要であると考えます。

営業は顧客インターフェイスにおいて顧客ニーズを探索して、自社がソリューションを形成し、実行するための重要なコネクターとなり、「製品開発」や「価格設定」にも影響を与えるカタリストとして、自社のマーケティング戦略形成の一端を担う存在となるのです。

BtoBにおいては、顧客インターフェイスを担う営業に重要なマーケティング情報が集まってきます。最前線の重要なポジションにいる営業が、セリングからマーケティングに役割を変革することが、営業自身、そして顧客・自社にとって大きな価値を生み出すことになると考えます。逆に、従来の流れのまま単なる売り込み中心のセリング機能の一部としてしか機能しない存在として留まれば、顧客や自社にとっても大きな機会損失であるといえますし、営業自身も今後、益々その存在価値を問われることになるでしょう。

Co-creative Interface Builderを目指す

では、企業のマーケティングの5P（パーソナルエージェント）としての存在、営業人（Co-creative Interface Builder）について述べていきます。Co-creative Interface Builderとは、営業が担うステークホルダーとのインターフェイスを共創（Co-creative）にする、つまり関係性の質を高めることを中心的な役割に据えています。関係の質を高めるとは、具体的には図表6のように、奪い合い型から価値交換型へ、そして価値創造型へ関係性を高めることを意味します。

いかにして自己中心：自己利益の最大化から抜け出し、互恵中心：自他利益の最大化↓

志中心：共通目的・目標の達成へ導くかが重要です。そのためには、統合型の交渉の実践が求められます。

重要なマインドとしては、当事者意識（オーナーシップマインド）と自主独立の精神（中立性）が必須です。顧客に対して営業は、自社の代表として対峙しています。顧客に対するお役立ちを実現するために、自社の陣頭指揮を執っているといえます。そうした意味では自社の誰よりも強い当事者意識（オーナーシップマインド）を持ち、顧客へのお役立ちと自社の業績を両立させるための最終責任者としての自覚を持つことが重要です。

同時に、顧客と自社の価値交換、価値創造を実現するコネクター、カタリストとして、全体を俯瞰し中立の立場で対応することも求められます。そのためには、自主独立の精神を持つことが重要です。会社に所属していても、プロフェッショナルとして独立した存在であること、チームでの協働を重視しつつ、独立した個のプロフェッショナルとして仕事をすることとです。具体的には、会社視点で自身の個人としての採算をしっかり計算し、常に所属組織に対して自身の存在が黒字であること（つまり自身が生み出している業績が自身にかかっているコストを常に上回っていること）です。自身がより大きな価値を所属組織にもたらしていることが、自社に対する発言力・影響力拡大になり、そのことが顧客のお役立ち向上にもつながります。

項目 ＼ Type	奪い合い型	価値交換型	価値創造型
焦点 Focus	自己中心 Self/Ego	互恵中心 Mutual Value	志 The Greater Good
基本スタンス （相手に対して）	利用	相互活用 （取り引き）	同志・仲間 （取り組み）
信頼関係	低	中	高
協働意欲	低	中	高
力関係の差による影響度	高	中	低
情報コントロール	強	中	弱
透明性	低	中	高
仁のスコープ （他者視点・互恵意識）	狭	中	広

図表6　ステークホルダー インターフェイス

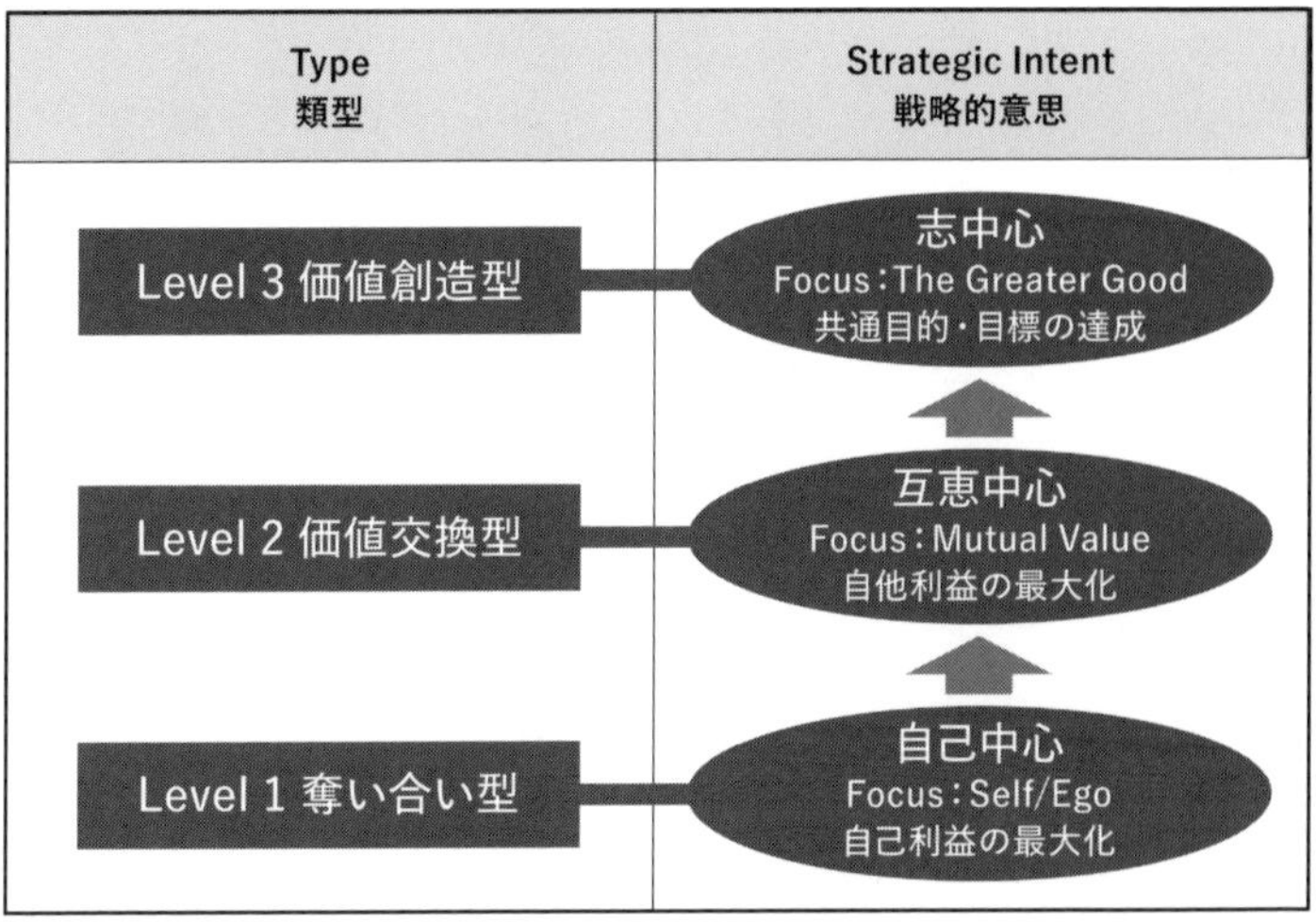

価値創造型	お互いの共通目的、共通目標を軸にして、双方が情報をオープンにして資源を持ち寄り協働し、問題解決に向けて新たな解決策を生み出す。
価値交換型	交渉項目を限定せず、お互いのニーズの違い、重要度の違いなどの相互の差を活用し、交渉項目を増やすことで戦略的な交換を実現し、双方にとって満足ができる有益な合意を形成する。
奪い合い型	限られたパイを奪い合う勝つか負けるかの交渉。競争的であることから競合的交渉、またはウィン・ルーズ交渉とも呼ばれる。お互いの情報はクローズドとなり、自己の利益のみを最大化することが中心となる。脅しやハッタリが有効な戦術となり、力関係の差を利用して、いかにして相手から有効な譲歩を引き出すか、自分に有利な展開をつくるかが重要なポイントとなる。

そして、最も重要なこととして、自身の軸（在り方）に基づき、顧客や自社に対して盲従することなく、全体の利益のためにしっかりとぶれない発言・行動をする力が求められます。組織に対して悪い意味で従属したり、埋没したりすることなくマーケティングの5Pの一角を担うパーソナルエージェントとしての気概を持ち、顧客へのお役立ちと自社の業績向上の両立を図るために是是非非の姿勢を貫くことが重要であると考えます。

Co-creative Interface Builder のロールモデル

ここでは、Co-creative Interface Builderのロールモデルとして、社会事業家のピーター・D・ピーダーセン氏を紹介します。ピーダーセン氏は環境問題を中心にした社会課題を解決するために企業の力を引き出し、社会問題と事業活動とを結びつけ、結果として企業の価値創造につなげることを志向し活動している社会事業家です。SDGs[16]が打ち出される前から、一貫してサステナビリティに関する活動を実践してきました。同時にその担い手であるリーダー育成・社会起業家育成を、世界を舞台に行なっています（次世代リーダーのグローバル・ネットワーク「NELIS」）。まさに渋沢栄一が唱える道徳経済合一説を実践し、吉田松陰がつくった松下村塾をグローバルに展開している人物であるといえます。現在彼は、私が代表を務める株式会社トランスエージェントのシェアホルダーでありチェアマンでもありますが、営業人としてのロールモデルであり、Co-creative Interface Builderそのものといえる存在です。

まず、簡単に彼のプロフィールから紹介しましょう。ピーダーセン氏は、１９８４年に日本の高校への留学生として初めて来日しました。１９９５年から日本在住を続け、２つの営利法人と２つの非営利法人の立ち上げに関わりました。それから、常に世界との橋渡しを務め、「ＬＯＨＡＳ」や「カーボンニュートラル」など、時代を代表するキーワードをいくつも日本に紹介する仕事をしています。経営の世界においては、「サステナビリティ」という言葉がほとんど認識されていなかった１９９０年代後半からその必然性を訴え続け、１００を超える大手企業の戦略や人材育成に影響を与えてきました。

【主な経歴】
１９６７年デンマーク生まれ。コペンハーゲン大学文化人類学部卒業。１９９５～１９９８年東京にて、中小企業向けのコンサルティング、国際シンポジウムの企画・運営、雑誌の編集に従事。特に、エコロジーと経営の接点をテーマとする。１９９８～２０００年「将来の社会・経済像」をテーマとして出版企画に従事。マレーシアのマハティール首相(当時)、シンガポールのリー・クアン・ユー元首相、経済学者のジョン・K・ガルブレイス、環境学者のレスター・ブラウン、社会学者のダニエル・ベル、未来学者のジョン・ネズビッツなどを訪問・取材し、日本向けの書

籍を企画・監修する。経営学の生みの親ピーター・ドラッカー、未来学者のアルヴィン・トフラー、英国の元首相マーガレット・サッチャー、米国元国務長官ヘンリー・キッシンジャーなども日本に招聘する。２０００年環境・ＣＳＲコンサルティングを手掛ける株式会社イースクエアを木内孝氏とともに設立、２０１１年まで代表取締役社長を務める。２０１４年一般社団法人ＮＥＬＩＳ―次世代リーダーのグローバル・ネットワークの共同代表に就任。２０１９年株式会社トランスエージェント会長に就任。大学院大学至善館特任教授就任。

◆ピーター・D・ピーダーセン氏インタビュー◆

一人のプロフェッショナルとして仕事についてどう考えていますか？

最近注目されている概念としてジョブクラフティングがあります。これはクラフトビールで考えるとわかりやすいと思います。大量生産されたビールとクラフトビールとは何が違いますか？　大量生産されたビールは、もちろん品質は安定しています。当然よい面はありますが、基本はみな同じで、ベルトコンベア方式でつくられていきます。それに対してクラフトビールは、醸造者が思い・実現したい味・特色・職人技などを投入して、魂を込めてつくっているものです。

仕事人生も同じで、「あなたは就職してどこかの枠に入り、そこで大量生産の作業的な仕事を生涯していくのですか？」という問いをもちます。

そこで、「**ジョブクラフティングをする**」ということをおすすめしたいと思います。「**ジョブクラフティングをする**」ためには「**就職という発想から創職という発想に切り替える**」ことが重要です。創職をするための重要な問いとしては、仮に80年の人生として、「あなたはこの80年の与えられた時間で何を成し遂げたいのですか？」という問いに答えられるかどうかです。別に大それたことでなくてもよいのです。とにかく自分はお客様から営業パーソンとして認められ、お役立ちができて、しっかりとした信頼関係を構築できる。収入も安定し幸せな家庭を築きたい。そういったものでもよいです。もっと大きな観点で社会を変革したいとかＳＤＧｓに貢献したいとか、そういう大きなビジョンを持っていてもよいのです。これはどちらでも構いませんが、自分なりのプロフェッショナルとしてのパーソナルミッションやビジョンを持つことが大切だと思います。

また、「そもそもこうしたことについて考えたことがありますか？」という問いもあります。もし、こうしたことについて考えたことがないという人は非常にもったいないので、この本を読んだことをきっかけにして、自分なりに考えてみることをお勧めしたいと思います。

そこが自分の立脚点になり、人生という航海の帆柱となり、紆余曲折の現実が繰り返されていく中でも拠り所がしっかりしていれば、人生の失敗はありえないと思います。倒れても起き上がればよいのです。倒れたままになってしまうのが本当の失敗だと思います。倒れること自体は大した失敗ではないのです。自分の大義のようなもの、すなわち目先の利益や日々のことを超えたものを持っている人は悪循環に陥りません。逆に拠り所がない人は、困難な状況や逆境になるとなかなか抜け出せなくなるのだと思います。逆境を乗り越える、困難な状況に遭遇してもしっかりと進んでいくために、**パーソナルミッションやビジョン、大義などを持つことが重要だと思います。**

日本に来て7〜8年が経った頃のことです。デンマークに帰国していたときに日本語で不思議な夢を見たことがあります。数名の記者に囲まれて私がインタビューを受けている場面でした。記者から「最後に残る人はどんな人ですか?」と質問されました。私はすかさず「それはタイギのある人です」と答えて目が覚めました。当時はまだ日本語を完全にマスターしている訳ではなく、「タイギ」の意味がわかりませんでした。後にこの「タイギ」とは、「大義」のことだとわかりました。大義をしっかり持っている人は困難な状況に見舞われても、それを自らの努力で乗り越える、逆境を糧にして力強く生きることができるのだと思います。こうした生き方は、プロフェッショナルの仕事人生として「楽」(らく)かどうかと問われれば「楽」(らく)とは言えません。むしろ困難の連続と言ってもよいかもしれません。「楽」(らく)と「楽しい」は同じ漢字ですが、決してイコールではありません。**「楽」(らく)だから「楽しい」ということではなく、**逆に**自らに挑戦し大変なことを乗り越えるからこそ仕事は楽しい、そこに充実感を味わえる**のだと思います。そう考えると常に自らに挑戦することが大切であると思います。

プロフェッショナルとしての在り方についてどう思いますか？

プロフェッショナルとしての在り方として重要なことは、まず自分の土台・立場を明確にすることです。「私に支点を与えよ。さらば地球も動かさん」というアルキメデスの言葉がありますが、まずは自分の仕事人生を送るうえでの立場をつくる。自分が何を大切にしたいかという価値観・拠り所を明確にすることが大切です。私たちの価値観とは、氷山でいえば水面下にあるものです。私たちはさまざまな現象に対して、水面下の価値観で、自分の物の見方を構成し、行動につなげています。価値観を明確にすることで、行動の焦点、ブレない軸が据えられます。そういう意味において、シンプルですが、本書で紹介する価値観コンパスを是非、作成してみていただきたいと思います。

プロフェッショナルの価値観として私が今日まで生きてきて大切だと思ったこと、世界中のリーダーと接して共通していると思う3つの価値観があります。それは**「主体性」「建**

設的思考」「行動重視」の3つです。

「主体性」についてはまず、一人称で語る、他責にしない、自分として何ができるのかということを中心に考えることです。

「建設的思考」については、時に愚痴を言ったりするのは人間なので仕方がありませんが、いつも後ろ向きの思考で物事を捉える人がいます。できない理由ばかりを考える、消極的な思考からは何も生まれません。一方で、建設的思考は何でも受け入れるということではありません。ダメなら見切りをつけて次の手を考える。常に前に進むための方策を考える。そうした思考パターンを持つという意味です。しかし、建設的思考で考えをまとめても行動しなければ何にもなりません。

そこで、3つ目の「行動重視」になります。行動のみが波及効果を生み出します。行動することで物事は動いていきます。つい考え込んでしまう人がいますが、一歩でも二歩でも行動することが必要であるということです。この3つの価値観はMUSTだと考えています。あとは自分なりに考えて、自分と

価値観コンパスはこちらのQRコードからダウンロードできるニャ。

してこだわりたいと思う価値観を3つくらい挙げてみることが重要だと思います。

自分自身がプロフェッショナルとして大切にしている価値観について教えてください。

私は「主体性」「建設的思考」「行動重視」をベースに5つの心としてまとめています。「Purity（純心）」「Positivism（明心）」「Tenacity（頑心）」「Passion（熱心）」「Compassion（慈悲心純粋な気持ち）」、いかなる事があっても濁らない「Purity（純心）」、「Positivism（明心）」は建設的思考そのものです。「Tenacity（頑心）」とは造語ですが、頑張る心、簡単にはあきらめない心を指します。そして「Passion（熱心）」情熱です。情熱・パッションを持つこと、最後は「Compassion（慈悲心）」、人を思いやる心になります。

私はさらに価値観にプラスして、ミッション、ライフアプローチ、ワークアプローチ、ワーク、ワークパラダイムを明文化して自分自身のパーソナルアンカー[17]としています。

Personal Mission

To contribute significantly to the transition to sustainability and help create a new civilization

「持続可能な社会の移行に対する意味ある顕著な貢献をし、新しい文明の創造の手助けをする」

Life Approach
天空海闊　新道開拓　前途洋々

Work Paradigm
私の仕事は次につながる
私が提供するのは感動価値
私が目指すのは未来開花

私は右記の内容を自分のアンカーにしています。皆さんにもおすすめしたいのは、形式はどんな形でも構いませんので価値観を明文化した後、ミッションやビジョンなど自分として、より踏み込んだ形で自らの人生や仕事に立ち向かう姿勢や方向性などを考えてまとめて明文化することです。私は日々、自分自身のパーソナルアンカーに立ち戻って考え行動しています。そのことによって、さまざまな現象に左右されることなく、自身のブレない在り方を形成できるようになっていくのだと思います。もっとも大切なことは、自分自身が納得するものにまとめていくこと、自分の人生を支え高めていくための帆柱になるものにしていくことです。

営業人Co-creative Interface Builderとして大切にしているアプローチは何ですか？

私はこれまで企業経営者として、またＮＰＯの代表としてさまざまなプロジェクト、事業をゼロから立ち上げて顧客を開拓してきました。まさに営業人といえます。私の営業人として大切にしている仕事の仕方のパラダイム[18]、テクニカルなものを紹介します。これは皆さんにもそのまま使っていただけるものと思います。

５つのアプローチをまとめて「PEACE」と呼んでいます。

Preempt/Have　先手を打つ
Ears&Eyes　よく聞いて観察する　相手の求めているものを深く聞こうとする
　お客様のところで起きていることをよく観察して対応する

Set the Agenda　こちらがアジェンダ[19]を設定する　アジェンダを握るものは流れをコントロールできる

Stay Calm　いかなる状況でも冷静であれ

※営業は打率が5割以上ということはあり得ない。だいたい悔しいほうが多いと思います。私も長年さまざまな組織やプロジェクトを率いて営業活動をしてきましたが、よくて成約3割です。ということは、7割は敗北になります。その都度悔しい気持ちになりますが、感情的になっても仕方がありません。相手には相手の状況がある、また来年も可能性があるなどと思って待つことも重要です。私も3年越しで成約いただいたお客様もあります。ここは営業人として非常に重要な点だと思います。

Maintain Right Degree of Elasticity　適切な柔軟性を持つということ

※営業は柔軟性が必要だと思いますが、当然ここは引けないという部分もあると思います。柔軟に対応すべきところと譲ってはいけないところ、伸ばすところと絞るところの勘所を自身で見分けて対応することが大切です。

最後に私が大切にしている言葉を営業人の皆さんに贈りたいと思います。

イタリア語になりますが

Sorridi,e la vita te sorride, Smile and the world will smile back at you,

「自分が笑顔で明るく振舞っていれば世界はあなたに微笑み返してくれるよ」

ここまでの、営業人Co-creative Interface Builderのロールモデル、ピーダーセン氏のインタビューはいかがでしたでしょうか。

ピーダーセン氏の特徴は、**常に志中心の価値創造の交渉をステークホルダー**[20]**に対して行なっている点**、また**仁のスコープが非常に広く、単に目の前の顧客のニーズを満たすことだけではなく顧客を取り巻く環境や次世代を見越した高い視座でお役立ちを展開している点**などで非常に卓越した活動をされています。

本書のはじめに、仕事の捉え方の部分で高杉晋作の辞世の句を紹介しましたが、伊藤博文[21]は高杉晋作を「動けば雷電のごとく発すれば風雨のごとし」と表現しました。私からみて、ピーダーセン氏はまさに「動けば雷電のごとく発すれば風雨のごとし」の人であると思います。

今回のインタビューでわかったことは、ピーダーセン氏の大局観、俊敏さ、卓越した活動のベースに大切にしたい価値観やどう生きるのかといった拠り所としてのパーソナルアンカーの存在があることです。困難な状況に遭遇してもぶれることなく前向きに、プロフェッショナルとしての仕事人生に挑み続け、数々の逆境を乗り越えてきた歩みのベースにはゆるぎない信念があるということです。

　また、それはだれから押しつけられたものでもなく、自分が本当に求めている生き方・在り方を言語化しているものだということです。

　そして、本来の自分らしさ、自分自身に忠実に従っているということです。これは、第2章で紹介した陽明学の致良知〜良知を致すにもつながります。

　本来の自身の良知に従っているからこそ、そこに充実感や楽しさがあるのだと思います。

ピーターさんはこれまでいろいろな本を出しているゴウよ。
『拝啓ニッポン殿』（近代文藝社）
『ビジョンなき国のビジョンある人々』（海象社）
『LOHASに暮らす』（ビジネス社）
『第5の競争軸』（朝日新聞出版）
『レジリエント・カンパニー』（東洋経済新報社）
『SDGsビジネス戦略』（共著、日刊工業新聞社）
ピーターさんの思想や仕事がよくわかるゴウよ。

軸「志」を固める
――論語営業マインド「忠義」「名誉」の醸成と実践

ここまで、パーソナルアンカーについて触れましたが、これが営業人としての軸を定める「志」になります。次章では、私のパーソナルアンカーを紹介しながら、皆さんに実際、自身のオンリーワンとなるパーソナルアンカーをつくっていただきたいと思います。

最後に「志」に関わってくる武士道の「忠義」と「名誉」の説明をします。「忠義」とは武士であれば主君に対する忠義、現代社会でいえば組織に対する忠義をイメージする方が多いと思います。しかし、本当の忠とは自分自身の良知に対する忠であるべきです。新渡戸稲造は『武士道』の中で、こう述べています。

「武士道は、我々の良心を主君の奴隷となすべきを要求しなかった。（中略）主君の気紛れの意志、もしくは妄念《もうねん》邪念のために自己の良心を犠牲にする者に対しては武士道は低き評価を与えた。かかる者は「佞臣《ねいしん》」すなわち腹黒き阿諛《あゆ》をもって気に入ることを求むる奸徒《かんと》として、或いは「寵臣《ちょうしん》」すなわち卑屈なる追従《ついしょう》により主君の愛を盗む「嬖臣《へいしん》」として賤《いや》しめられた」（『武士道』　新渡戸稲造著　岩波書店）

組織に媚びへつらい自身を見失うのではなく、己の在り方を定め、組織の在り方との共通点を見出し、自身の在り方に対してつねに「忠」であることが大切なことであり、もっとも自分のエネルギーが出る道なのです。

「名誉」については、一言でいえば「恥を知る」ことです。陥りやすいのは他者の目を気にした「恥」という概念です。つねに他者から見て恥ずかしくないかという点を意識し、自身の行動・判断の軸にする傾向です。しかし、これは本質からはずれています。本来は自身が大切にしている在り方から外れてしまうことが「恥」であり、判断の基準は他者の視点ではなく自分の良心に照らすことです。他者に対してはうそをついてごまかすことができますが、自身の良心に対してはごまかすことはできません。自身の良心に対して恥じることをしないということが自身の尊厳を守ることであり、真の「名誉」であると思います。

営業の世界でも、顧客を欺いたり、数字に追われて架空の計上をしたりということが発生します。これらは自分の尊厳「名誉」を本当に大切にすれば、どんな困難な状況でも発生することはありません。こうしたごまかしは、一見自分のためにうまく他者を欺いているように見えますが、本質的には自分で自分を貶めていることに違いありません。自分で自分をだましているのです。自身の「名誉」を守るため、恥を知り自分で自分の始末をつけること、その判断の基準は他者や外側のルールではなく、あくまでも自分自身であり、自分の良知であると考えます。

志士仁人《ししじんじん》は、生を求めて以て仁を害すること無し。身を殺して以て仁を成すこと有り。

（『論語』衛霊公第十五）

志しのある人や仁の人は、命惜しさに仁徳を害するようなことはしない。時には命をすてても仁徳を成しとげる。（『論語』金谷治訳注　岩波書店）

論語営業解釈：立派な営業は、自分が出世するために組織内部の上司に媚びへつらったり、ゴマをすったりはしない。つねに市場・顧客に目を向け、企業理念や自身のパーソナルアンカーに従い、顧客へのお役立ち、顧客創造実現に向けて行動する。自身の保身や出世のために社内の身勝手な論理を優先して、顧客へのお役立ちや社会貢献を犠牲にしたりすることはない。時にクビになっても、自身の在り方「志」や「仁」を貫くものである。

【注釈】

13 企業間取引におけるマーケティング。

14 プロダクト（製品）・プライス（価格）・プレイス（流通）・プロモーション（販売促進）

15 「マネジメントの父」などと称される経営学者。

16 「Sustainable Development Goals（持続可能な開発目標）」の略称。国連が定めた2030年までに達成すべき17の目標のこと。

17 錨（いかり）のこと。

18 科学哲学者トーマス・クーンによって提唱された概念。ものごとの見方・考え方、常識、支配的な解釈のこと。

19 会議の議題表。

20 利害関係者のこと。株主・経営者・従業員・顧客・取引先などを指す。

21 長州藩士。明治期の政治家。初代内閣総理大臣をはじめ、通算4度にわたって内閣総大臣を務めた。

COFFEE BREAK

七転八起の勁草営業人❸

背水の陣

独立して3年目のことです。うまく仕事をつくり出すことができず苦戦していましたが、「交渉」というテーマを中核にして研修事業を構築しようと考え、IT業界にターゲットを絞り込み「交渉」研修を立ち上げました。独立当初は実績がないため、信用がなく、営業をしてもなかなか相手にされません。そのため、まずは公開コースを開催して、各企業様から数名単位でお申し込みいただき、実績をつくろうと考えました。ありがたいことに、最初に業界最大手の企業様がテストパイロットとして1名申し込みをしてくださいました。しかし、その後が続きません。赤字でも実施したいのですが、さすがに1名では研修になりません。開催するか否かの最終判断期日を設け、その時までに1名のままであれば潔くお客様に謝罪してキャンセルにすることを決めました。まさに背水の陣の状況です。せっかく有望なお客様から受注してテストでご参加いただけるというのに、この機会を自ら手放すことになる状況が迫っていました。ダメ元でリストを頼りに飛び込み営業も行い、粘り強く最後までベストを尽くしました。

結果としてキャンセルを覚悟した時、奇跡が起こりました。立て続けに数社から申し込みをいただいたのです。なぜ立て続けに受注できたのかは今でもわかりません。執念のポテンシャルヒットというような感覚でした。形はともあれ結果として交渉研修を無事開催することができました。そしてこの時の公開コースの開催がきっかけとなり、(テストで参加申し込みをいただいていた)業界最大手の企業様ではインハウスでの導入が決まり、大きな受注となりました。

また、公開コースの実績をもとにＩＴ企業が集まる大手協会にも営業をかけ、協会の会員企業様向けコースとして導入いただけることになりました。そして一気に業界の大手企業への新規開拓、取引拡大を実現することができたのです。このようなことがきっかけとなり、その後「交渉アナリスト養成講座」を立ち上げることができました。「交渉」に関する研修受講生は、のべ３万人を超える規模となりました。すべてはこの背水の陣に追い込まれた際に、必死で掴んだ執念のポテンシャルヒットからつながったのです。

第5章

オンリーワンの営業道を歩む

自分自身の価値観コンパスを作成する

それではいよいよ自分自身の価値観コンパスをつくる段階に入っていきます。前章のピーダーセン氏のインタビューにありましたが、3つの共通する価値観「主体性」「建設的思考」「行動重視」をもとにして、自分が大切にしたい価値観を書き出してみましょう。図表7のように、3つの共通する価値観に加えてオリジナルを3つ入れていただいてもかまいません。

すべて自分のオリジナルでつくることができればそれでも結構ですし、数もいくつでも構いません。ここで重要なことは、自分自身と向き合って自分が大切にしたい価値観について考え、言語化するというところから始めることです。

図表7　価値観COMPASS

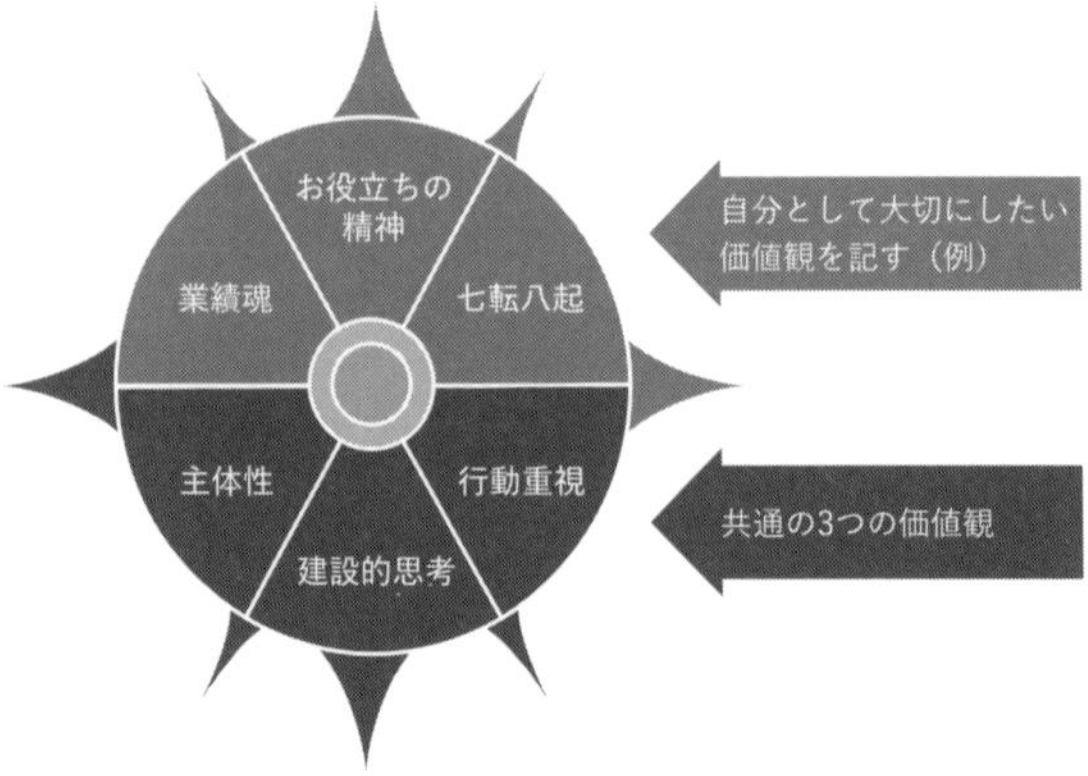

つくり方はいろいろな方法が考えられます。今回は例として4つ紹介します。

まず一つ目は、価値観のキーワード一覧を参考にしながらピックアップする方法です。図表8のようなさまざまな価値観キーワードを参照しながら、自分自身が大切にしたいもの、わくわくするものなどを抽出するというやり方です。

二つ目は、本書で紹介している論語の章句などを参照しながら自分が常に意識したいものを抜き出し、自分の言葉に転換する方法です。自分の言葉に転換せず章句そのものでも構いません。いわゆる座右の銘としてピックアップするやり方になります。本文の中に紹介した章句や巻末付録の「営業に役立つ章句」のページを参照してご活用いただければ幸いです。

三つ目は、自分自身の過去を振り返るやり方

図表8　価値観リスト

ユーモア	感謝	楽しさ	スリル	包容	勝負	信頼	パワー	制覇
真実	一貫性	信念	純粋さ	貢献	厳格	慈悲	思慮深さ	頑固
冒険	変化	正義	平和	粘り強さ	論理	協調性	安定	独立
優雅	忍耐	しなやかさ	伝統	挑戦	バランス	根性	責任	しあわせ
寛容	思いやり	革新	感動	勇気	全力	生産性	サポート	喜び
成長	創造	大胆さ	マイペース	達観	率先	美しさ	道理	共感
リラックス	達成感	誠実	合理性	正確	利他	つながり	情熱	卓越
冷静	不屈	合意	執念	品質	調和	安全	謙虚	豊かさ
自由	明るさ	自然体	愛	スピード	成果	集中	正直	完全

MIS セルフリーダーシップ研修より　© Transagent Corp.

です。図表9のようなライフラインチャートを自分で作成します。

たとえばあなたが入社10年目だとします。学生時代も入れて今日までの主な出来事や状況を振り返り、今日までの状態を1本の線で描いてみます。図は充実度の高低で設定しています。印象に残る経験や出来事を思い出して点で記し、出来事を書いておきます。苦境の時や、物事を成功に導いた時、充実していた時、失意の時期、逆境を乗り越えた時など。その時々の充実度の高低を考えながら点を結んでいきます。自分自身のこれまでの人生の高低の波を振り返り、その時その時に自分が何を考えて、行動してきたのか、大切にしてきた価値観は何だったのかを深く内観してみることです。それにより今後の人生・仕事において大切にしたい価値観が明ら

図表9　ライフラインチャート

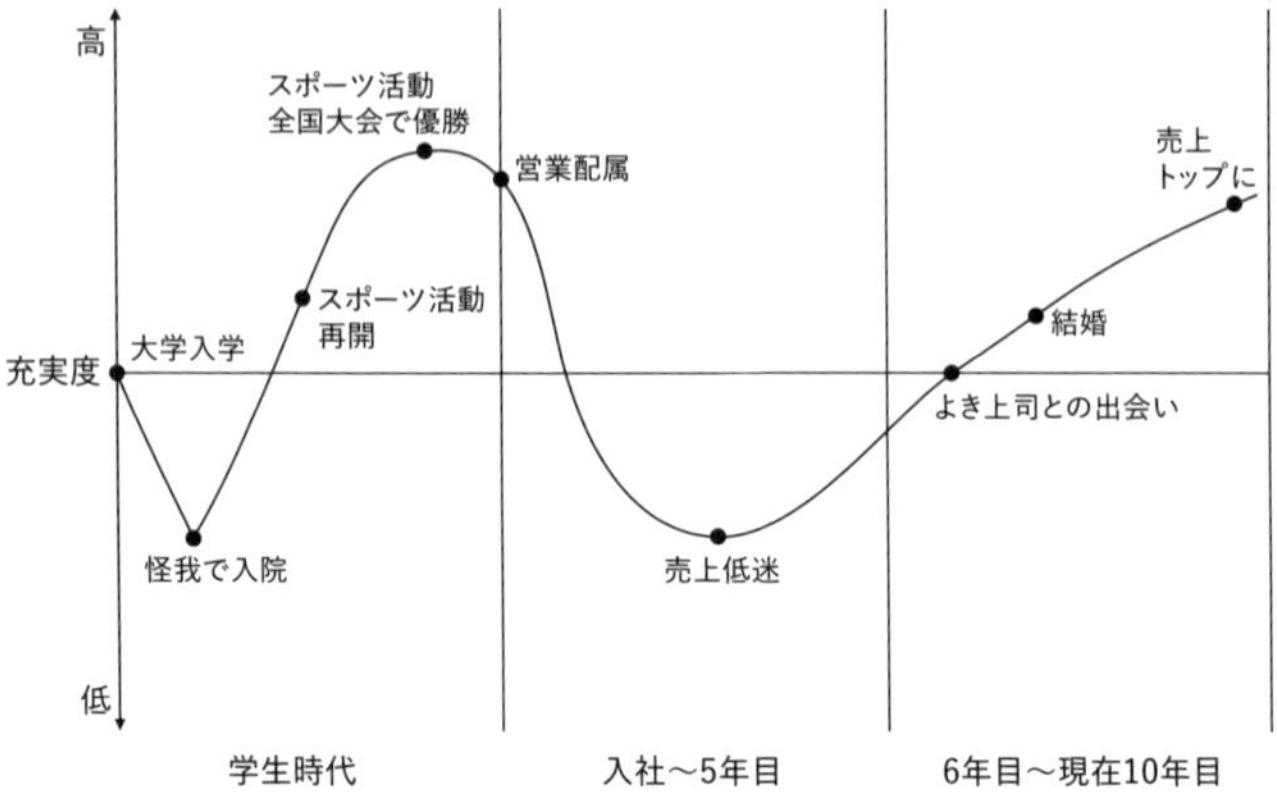

かになることがあります。

四つ目は、他者からどう見られたいのかという視点から考えるやり方です。たとえば、自分自身の結婚式の際に友人にスピーチをしてもらう場面を想像していただき、友人から自分のことをどのようなキーワードで紹介されると嬉しいのかという視点で考えてみることです。そこに自分自身が大切にしている価値観を見出すことができます。また、自分の上司からどう認識されたいかという点を考えていくことも有効です。「上司から自分のことを○○な人と認識してもらい、○○な点をほめてもらえると嬉しい」という側面があるとすると、それはどのような点でしょうか。こうしたことを考えることも、価値観を明確にするためのヒントになります。ベテランの方であれば自分が退職する際に、送別会で同僚や後輩からいわれたいキーワードについて考えてみることも有効です。

私自身の価値観コンパスは、「主体性」「建設的思考」「行動重視」をベースに「謙虚」「感謝」「全力」「楽しむ」の4つになります。油断するとぶれやすい自分自身に対して、つねに確認するべき自分の在り方の拠り所としてこの4つを大切にしています。また、自己の在り方として「捨身」「不東」「自己開山」という3つの柱があり、パーソナルコンセプトとして「路傍の石」「草莽崛起《そうもうくっき》」「お役立ち達磨」「陽明学を実践する儒商」「天意に生きるカタリスト」「万物を活かす水」の6つを意識しています。あえてここでは意味は説明しませんが、重要なことは自分自身にとってしっくりくる言葉でまとめることです。
一方で、会社の価値観も明確にしています。企業のValueとしては「修己安人」「飲水思源」「苟日新、日日新、又日新」を挙げています。「修己安人」は『論語』の章句、「飲水思源」は中国の故事成句、「苟日新、日日新、又日新」は第3章でも紹介しましたが『大学』の章句になります。※修己安人　己れを脩めて以て人を安んず。（『論語』憲問第十四）自分を修養して人を安らかにすることだ。（『論語』金谷治訳注　岩波書店）
価値観コンパスについてはこれまで紹介した手順をもとに、是非ご自身で仕上げてください。机を前に座って考えてまとめるのもよいですし、日々仕事をしながら思いついたキーワードを記録するのもよいと思います。どうしても見出せないという方は、市販のアセスメントを活用して、自分の強みを浮き彫りにすることも助けになります。もしくは同僚や先輩、友人や家族などに自分の強みについて聞いてみるのも有効かもしれません。強みには自分が大切にしている価値観が含まれている可能性があります。
いずれにしても、現時点ではしっくりくる価値観コンパスをつくることができなくても、探究していくことが大切です。いったん言語化して自分が肚落ちするまでは何度も修正して、磨きをかけていく方法もよいと思います。価値観コンパスの外観は至ってシンプルですが、自分を探究していく奥が深い世界です。是非、自分の人生をよりよくするものに仕上げてください。

価値観コンパスを中心にパーソナルアンカーとして自分の軸を広げる

価値観コンパスが明確になれば、自分の人生において何を成し遂げたいのか、どう仕事に向き合っていくのかなどの問いを立てて、パーソナルミッションやビジョンをまとめていき、最終的に自分のパーソナルアンカーを仕上げてみるとよいと思います。

かならずそれが自身を支える拠り所となるはずです。企業は自社の存在意義の明確化として、ＭＶＶ（ミッション・ビジョン・バリュー）をまとめている会社が多くあります。個人でも同様にＭＶＶをまとめ、これをパーソナルアンカーにすることをお勧めします。ミッションやビジョンを見出すのは価値観コンパスよりは難易度が高いかもしれせん。これまで考えたこともなく、わからないという人も多くいらっしゃると思います。その場合、無理に言語化を急ぐ必要はないと思います。次の問いを自分で持ちながら探究していくことが重要であると思います。

① あなたの人生の目的、生きる意味、生きがいは何ですか？
② あなたが仕事をする目的は何ですか？
③ あなたがこの人生において成しとげたいことは何ですか？

吾れ十有五にして学に志す。三十にして立つ。四十にして惑わず。五十にして天命を知る。六十にして耳順《みみした》がう。七十にして心の欲する所に従って、矩《のり》を踰《こ》えず。（『論語』為政第二）

わたしは十五歳で学問に志し、三十になって独立した立場を持ち、四十になってあれこれと迷わず、五十になって天命をわきまえ、六十になって人のことばがすなおに聞かれ、七十になると思うままにふるまってそれで道をはずれないようになった。（『論語』金谷治訳注　岩波書店）

私自身のビジョンは「仁の循環・合一の実現」です。もう少し具体的にいえば、「アジアの中で自らが受け持つ一隅を仁で照らし、共創の環を世界に拡げる」になります。ミッションは第4章でも触れましたが「Co-creative Interface Builder」になります。さまざまなインターフェイスをCo-creative「共創」にしていくためのお役立ちが私のミッションです。そこには「論語と算盤の一致」「関係性の創造的革新」の2つがベースにあります。「論語と算盤の一致」は、本書で触れた渋沢栄一の教えの実践です。「関係性の創造的革新」とは対立を両立に変える合意形成の実践、異質なものの結合による新たな価値創造の実践と定義しています。私は会社を自身で設立したこともあり、会社と自分のミッションとビジョンは完全に同じものになっています。

読者の皆さんの多くは企業にお勤めの方だと思います。その場合は自分自身のパーソナルアンカーを仕上げるとともに、所属組織のMVVとのつながりや、具体的に自身が扱っている商品サービスとのつながりを考えていくことが大切です。それらがしっかりとつながることで現在の営業活動に、より自身の魂が入る形になります。組織のMVV「志」と自身のパーソナルアンカー「志」を合わせることで、はじめて所属組織と「同志」関係になれると思います。「同志」関係となれば、日々の営業の仕事もよりやりがいに満ちたものにしていけるでしょう。

志は気を帥《ひき》(率)いるものなり。気は体を充《す》(統)ぶるものなり。夫れ志至れば、気はこれに次ぐ。

心のはたらきである志というものは、気力を左右するものであり、気力は人間の肉体を支配するものである。だから、志がまずしっかり確立すれば、気力はそれにつき従ってくるものだ。

（『孟子』（上）小林勝人訳注　岩波書店）

自己の軸を見出し、行動を始めるために役立つコーチング

これまでは自分自身のみで自己の軸（パーソナルアンカー）を見出すやり方を説明してきましたが、どうもしっくりこない、もしくは自分自身だけでは明確に自己の軸を見出せないという場合は、コーチの力を借りてその協働関係の中から、自身をしっかりみつめて軸を見出すというやり方も有効です。私自身コーチングを学び、パーソナルコーチングを受ける中で、自分の内観を促進する点で大いなる気づきがありました。パーソナルコーチの「問い」や「傾聴」はクライアントの内面に特に大きな変化をもたらします。自分自身が生み出しているマイナスの壁に気がついたり、自分でも気づいていなかった新たな可能性を発見したり、未来に対する挑戦意欲が高まったりと、潜在的な部分が表出化し、本来自身が

求めている自分の在り方がそこから明らかになることがあります。自分だけではなかなかパーソナルアンカーを見出すことは難しいという場合は、パーソナルコーチとともに取り組むこともおすすめします。

　余談になりますが、私のビジネスパートナーでシンガポールのコーチングベンチャー企業の創業者でありプロのコーチであるWan-Chang Lai氏は、コーチングについてこう述べています。「コーチングには、人々に価値ある変容をもたらし、人生を変える力があります。コーチングが持つ力は、私が今までの人生で出会った最大の発見の一つだといえるでしょう。突き詰めれば次の二つのことだと思っています。一つ目は、人の存在に『イエス』といい、その人の中に挑戦や困難への解を見出す力があると心から信じることです。二つ目が『安全を創り出す』ことです。人は安全だと感じられるとリスクを取り、自分自身に『イエス』といい、呼吸を始めて、自分の最高の仕事をするからです」

　コーチングの考え方は、陽明学と似ている面が多いと思いま

自分が大切にしたい価値観を見出すための参考として榎本英剛さんの『本当の自分を生きる』（春秋社）は大変役立つ本だと思うニャ。「正しい答えを求めるより、正しい問いを持つことが人生を豊かにする」「これまでやってきたことは、すべてこれからやることの準備である」「人生はすごろくではない」などシンプルで深みのある榎本さんのメッセージがあるニャ。

す。第2章で紹介しましたが、陽明学の「致良知」の思想はコーチングのベースの哲学そのものと言えます。

自らの良知を見出し、良知を発現するためのコーチングは、あなた自身の軸の確立への大きな助けになるでしょう。

オンリーワンの営業として一隅を照らす

最後に私が大切にしている言葉、「一隅を照らす」について紹介して締めくくりたいと思います。**「一隅を照らす」**これは最澄[22]の有名な言葉です。私はこの言葉を「人にはそれぞれに与えられた一隅がある。その一隅をしっかり自分なりに照らすことが大切だ」という意味で捉えています。「一隅を照らす」とは、本書で何度も触れた陽明学の「致良知」と本質的には同じであると考えます。そして、本来の自分自らの良心に従い、自らが受け持った一隅をしっかり照らしていくことが仕事や人生にとって大切なことであると考えます。このことが**本当の自分を生きること**であると思います。

一隅の大きさは人によって違うものです。肝心なことは大きさの違いではなく、自分が受け持った一隅をどう照らしていくのか、つまりその純度であるということです。己れを知り、自らの分を守ると同時に、その中での自らの可能性は無限大であることを信じて自分に挑戦し続けることが大切であると思います。

自己の軸を固め、仕事の目的として自分の人間的成長の側面を包含し、主体性・建設的思考・行動重視の姿勢で営業という仕事に向き合っていく。数々の逆境を乗り越え、自身のレジリエンスを高めていく。そしてやがては営業という仕事が自分にとってソウルワークになっていく。そんな方が増えてくると大変うれしく思います。

是非、本書をきっかけにして自分だけのオンリーワンの営業の在り方を確立していただけると幸いです。そして営業人としてともに「一隅を照らす」働き方、生き方ができることを願っています。

力足らざる者は中道にして廃す。今女《なんじ》は画《かぎ》れり。（『論語』雍也第六）

力の足りないものは（進めるだけ進んで）中途でやめることになるが、今お前は自分から見きりをつけている。（『論語』金谷治訳注　岩波書店）

論語営業解釈：論語営業は最後まであきらめずに全力を尽くすものだ。力が足りなければ中途で倒れるものだ。あなたは自分の力を出し切ることもしないで自分で自分を見限って、ただ立ち止まっているのではないか。

仁に里《お》るを美《よ》しと為す。択んで仁に処《お》らずんば、焉《いずく》んぞ知なることを得ん。

（『論語』里仁第四）

仁に居るのが立派なことだ。あれこれ選びながら仁をはずれるのではどうして智者といえようか。（『論語』金谷治訳注　岩波書店）

論語営業解釈：論語営業として仁の心を大切にする、仁の実践を目指す姿勢こそが大切である。自分であれこれ選択する中で、仁から離れてしまっては意味がない。常に仁を仕事の中で実現するために、自分に挑み続けることが大切なことである。

【注釈】

22 天台宗の開祖。唐（中国）に渡って仏教を学び、帰国後比叡山延暦寺を建て、天台宗を開いた。

番外編

Co-creative Interface Builder
列
伝

Co-creative Interface Builder 列伝 ❶

これを知る者はこれを好む者に如かず。これを好む者はこれを楽しむ者に如かず。

『論語』（雍也第六）

知識創造経営～"Ba" Conductor　義をつらぬく信念の仕事人
ナレッジ・アソシエイツ・ジャパン 代表 荻原直紀氏
（『ダイナモ人を呼び起こせ』日経BP　共著者）

現在の仕事について

私は英国ケンブリッジにある、ナレッジ・アソシエイツ・インターナショナルというコンサルティング会社の日本法人の代表を務めています。ナレッジ・アソシエイツ・グループは、日英以外にもアメリカ、インド、オーストラリア、ブラジルなど世界中で事業を展開しており、ナレッジマネジメント、企業変革、イノベーションのコンサルティングと教育事業を行なっています。2016年4月に本部のCEOドナルド・ヤングとともに、ナレッジ・アソシエイツ・ジャパンを立ち上げました。日本国内の案件を中心に、グローバル案件の仕事もしています。私は、ナレッジアソシエイツ本体の取締役も兼務していますので、グループ全体の戦略策定など、組織全体の仕事にも携わっています。

また、一般社団法人 Japan Innovation Network（JIN）のIMSAPスタジオディレクターとして、イノベーション・マネジメントシステムの国際規格（ISO56002）の普及にも努めています。イノベーションが進まないことは、多くの日本企業の重大な経営課題です。まだ、あまり知られていないのですが、イノベーションを起こしやすくする経営の在り方は、すでに国際的なコンセンサスがとられ、国際規格化されています。JINは経済産業省とも連携し、日本企業がイノベーションを起こせるようになり、再生していくための考え方の普及や実践について支援を行なっています。

BtoB営業パーソンとしてのキャリアスタート

1993年に富士ゼロックスに入社し、最初の6年間は営業職に携わりました。仕事の内容を一言で言えば、コピーやネットワーク・プリンターを企業に販売する法人営業です。当時は、営業を「目標を達成するゲーム」のように捉えていた面があると思います。ただし、お客様の困りごとを解決する提案をすることに、強い関心がありました。一方的に製品やサービスを売り込むのではなく、お客様の困りごとを聞き出し、探し出すことが好きでした。お客様から「買います」という連絡が来るよりも、「あ、これに困っているな」とニーズを見つける瞬間の方が好きでした。本当の困りごとさえ探り当てれば、その先はそのニーズをお客様と一緒に顕在化させて(お客様が自分の困りごとを正確に理解していることは少ない)、その困りごとを解決する提案をすることになります。自社の製品を買っていただくことで、お客様の困っていることが解決されるのですから、案件は自然に決まります。

また、一括大量受注が得意技だったかもしれません。一括大量受注には、きちんとした道筋があります。たとえば、お客様に拠点がたくさんあり、30台のコピーやプリンターの代替えターゲットがあるとします。いきなり、「30台すべて交換しましょう」とアプローチしたら、お客様は絶対に警戒しますよね。「こいつ、大量に売りたいんだな」と思われて、ドアは閉まってしまいます。その代わりに、まずは足元の困りごとを探し出すのです。ローカルのプリンター1台について、それにまつわる出力や業務の問題を徹底的に洗い出し、その問題と解決策を提示します。お客様にとっては、困っていた問題を解決してくれる提案ですから、「そこまで調べてくれてありがとう。解決案もいいね」と言ってくれます。その瞬間が、商談をスケールするチャンスです。「この1台の入れ替えでもよいのですが、他の拠点でも同じような問題を抱えているかもしれません。折角の機会ですから、弊社の営業ネットワークを使って調べましょうか」と提案するわけです。お客様の目の前の1台を切り替える気持ちはすでに固まっていますので、どうせだったら、ついでに他も見てもらおうという気になりやすい。最初から一括商談を持ちかけるのではなく、目の前の1台とそれに関する業務に集中して問題を発見し、役立つ提案でお客様との合意と信頼を得てから、それを梃にして商談を拡大していきました。おかげで、他の営業に比べると、少ない行動量で数字を上げていましたし、営業の目標をクリアするという点では、常にトップを走れていたと思います。

キャリアの転機

当時の富士ゼロックスには社内ＭＢＡ留学制度があり、憧れ程度の「経営を学ぶために留学したい」という浅はかな思いで、英語の勉強をしていました。営業時代に一度応募しましたが、英語力も足りず、経営や課題意識について深くも語れず、一次選考で軽く落とされました。入社5〜6年目、27〜28歳の頃です。そんな時に、知識経営のコンサルティングチーム（Knowledge Dynamics Initiative: KDI）が新設され、コンサルタントの社内公募があることを知り、応募しました。「若くてやる気がありそうで、営業で数字を出していた」という点を評価されたのか、経営知識ゼロにも関わらず、ＫＤＩの立ち上げ部隊に紛れ込むことができました。

そこで木川田一榮さんという人生の師に出会いました。木川田さんはＫＤＩの創設者です。深い知識を持ち、気骨のある方で、物事の本質を見抜き、どんな相手にも臆さず直言される方でした。私にとっては父親に近い年代で、ものすごく厳しい指導を受けたのですが、この方との出会いが人生の大きな転機となりました。木川田さんは、一橋大学の野中郁次郎先生が提唱される知識創造経営こそが、今後の日本と日本企業の未来に必要であると考え、当時の小林陽太郎会長に直接提案をして、富士ゼロックス内に知識経営のコンサルティングチーム（ＫＤＩ）を新設したのです。私はその１期生ですが、合流してまもなく、鬼のような指導が始まりました。経営知識ゼロの営業パーソンに、経営コンサルになってもらわなければならないのですから、教える方も大変です。最初の3年は、ひたすら食らいついて学ぶ日々でした。あまりにも何もできないので、日曜の夕方になると暗い気持ちになり、月曜の朝の溜池山王駅からオフィスに歩く足が、途方もなく重く感じたのを覚えています。KDIのメンバーはずば抜けて優秀な方ばかりで、会社中の営業から尊敬されていた営業教育のエーストレーナーや、研究所から戦略部門を経た天才肌の先輩などに囲まれて、大手企業の経営者やリーダーとも対峙する本当に刺激的な環境でしたが、仕事で貢献できない苦しい時期でもありました。ただ、「知識創造経営が日本企業には絶対に必要であり、これからの正しい経営の在り方だ」という確信だけはあったので、辛くても辞めたいと思ったことは一度もありませんでした。また、留学の夢がありましたので、「経営的なものの見方を身につけるうえで、ここより適したところがあるはずない」という思いで必死に頑張りました。

手ごたえを掴む

凄い先輩に囲まれながら、昼夜なく仕事をしながら、1〜2年で先輩に追いつきたいと必死で頑張っていたのですが、一度だけダメかもしれないと思った瞬間がありました。

KDIの仕事では、大企業の社長・副社長にプレゼンしたり、欧米の先進企業の経営現場を学びに経営者やリーダーをお連れしたり、優れたノウハウを持つ米国の提携先にトレーニングに行ったりと、貴重な経験をたくさん積めました。しかし、同じ経験をしても、他の先輩に追いつくどころか、ますます差が開くのを感じたのです。知識とセンスのある先輩と同じ経験をしているのですから、先輩の方がより深くを感じ取り、学ぶのです。一方、こちらには経験を知に変えるだけの基礎知識のベースもセンスもない。ですから、同じ経験をしても成長スピードが上がらないわけです。この時は、さすがに厳しいかなと思いました。一生追いつけないのだろうかと。

それでも、なんとか足を止めることなく、活躍できる小さな領域をつくりながら、しがみつきました。3年が過ぎたころでしょうか。得てきたさまざまな知識がつながるような感覚がはじめて持てました。同じ経験をして深く知を汲み取り、それを状況に合わせて使える、伝えられるようになったのです。そこからは早かったと思います。32歳くらいで、使えない若造から、一端のコンサルタントになることができました。仕事の楽しさも倍増し、自ら案件を積極的に抱えて取り組んでいきました。人の倍くらいの案件を担当していたこともありました。楽しくてしかたがなかったのだと思います。質量ともこの時に頑張ったことが、自分の知と経験のストックとなり、その後の礎になっていると実感します。

その後、社内留学制度に受かり、36歳で米国ボストン近郊のBabson College（起業家教育で有名なビジネス大学院）にMBA留学をしたのですが、留学中はほとんど遊んでいる感覚でした。日本人がMBA留学をすると、言葉の壁もありますし、予習復習もチームワークもハードで、睡眠も十分に取れずに、通常は苦労が多いと言われます。私も3～4時間の睡眠時間が続きましたが、正直、とても楽でした。「質量ともKDDIに比べればたいしたことではないし、大手企業の経営者へのプレゼンに比べれば、授業で失敗してもたいしたことはない」という感覚でした。KDDIでの辛かった経験が、自分の大きな力になっていたのでしょう。

苦しい時に自分自身を支えた信念

知識創造経営は、「性善説に基づく経営観」と言えると思います。「人は本質的に目的・意義・知を求める」「目的意識があれば、人は思いがけない創造性を発揮する」

という考え方がベースにあります。MBA的経営観が、「成果を出すためのパーツ(部品)」として人を扱いがちな一方で、知識創造経営では人を「価値を生み出す創造主体」と見るのです。

この考え方への共感と確信が、自分のキャリアのベースです。自分が戦力になれなかったKDI時代にも辞めたいと思わなかった理由は、自分がやりたいことに取り組めているという感覚にあると思います。KDIでは、最初にビジネスタイトルを自分でつくるのですが、私は知識創造経営の「場づくり」に自分のミッションを置いて、"Ba" Conductorというビジネスタイトルをつけました。これは28歳で立てた自分の志ですが、私のライフミッションとなり、現在のナレッジ・アソシエイツ・ジャパンの代表としての名刺にもこの肩書が入っています。

独立という船出・キャリアの統合へ

MBA取得後は日本に戻り、3年間富士ゼロックスKDIで働きました。師である木川田さんは大阪大学の教授となって富士ゼロックスを離れ、KDI自体の在り方も変わっていきました。大きな会社の組織ですから当然ですが、独立色は薄まり、純粋に知識創造経営を広げるというミッションから、少しずつ離れていくのを感じました。そんな時に、世界銀行のナレッジマネジメントのディレクターから声がかかり、相談に乗るうちに、世界銀行のナレッジマネジメント推進役に関心はあるかという話になりました。国際機関で働くことなど、それまで1ミリも考えていませんでしたが、なかなかないチャンスでしたので前向きに考え、公募プロセスも通り、40歳でワシントンDCに渡り、世界銀行で働くことになりました。

世銀では国際機関スタッフとして、はじめて内向きの仕事に携わりました。営業とコンサルタントとして、それまで外の顧客に向いて働いてきた自分にとって、内部スタッフとしての仕事は新たな経験でした。顧客の経営者やリーダーに自分が提言していたことを、組織の中で実際に実行するのがいかに難しいか。それを思い知ったのです。

その後、小さめの国際機関であるアジア生産性機構（APO）に移り、調査企画部長として2年間働きました。約5年の国際機関での経験は、官僚制の強い組織で内側から変革を進める難しさを理解する、またとない機会になりました。また、自分自身の強み・特性（自ら変革をリードするよりも、志ある変革リーダーの伴走者となる方がワクワクするし、得意である）を知る好機ともなりました。

そして、46歳で独立することになります。現在のナレッジ・アソシエイツ・ジャパンを、英国のCEOヤング氏とともに立ち上げました。おかげさまで顧客や仲間、人に恵まれ、順調に事業も発展しています。これまで蓄積してきたキャリアが統合され、形になっているのを実感します。コンサルティングを提供するうえで、世界銀行の内部スタッフとしての苦労も非常に生きています。顧客側の立場が理解できるようになったといいますか、内部で変革を進める難しさや、どこで引っかかってしまうのかなどの勘所が、以前より解像度高くわかって、顧客に寄り添えるようになったと思います。また、最初の法人営業の経験も非常に大きな力になっています。ゼロから会社を立ち上げて、事業・市場を開拓するうえで、営業の経験が自分の今を支えています。こうして後から考えると、本当にキャリアには無駄はないと思います。

MBAでの入学の式典で、起業家として成功したベテラン事業家のスピーチがあったのですが、アントレプレナーとしてもっとも重要な能力は、「営業」だと強調されました。大学院生は頭でっかちですから、同期の一人が「それはマーケティングのことですか」と聞き返したのですが、マーケティングではなく営業だと。あなた自身も含めて「売り込む」スキルがないアントレプレナーは成功できないと説明されるわけです。投資家、最初の仲間、最初の顧客に提携先。たしかに、営業ができなければ事業は始まらないのです。40歳半ばになって、私自身がアントレプレナーになった時に、営業のスキルが自分にあって本当によかったと思いました。顧客にアプローチする、ニーズを探る、それを提案につなげて、クロージングに持ち込み、最後はデリバリーする。そして、次なる課題を顧客と一緒に認識し、次の案件をつくる。営業のセンスなしでは、コンサル会社の社長は務まらないと思います。

荻原直紀流　シゴト哲学

本質的に働くことは楽しいことだと思っています。「仕事は楽しくなければいけない」という表現の方が、私の信念に近いかもしれません。多くの働く大人は、起きている時間の5〜6割は働いているわけです。この時間がつまらなければ、その人の人生は、ハッピーとは言えないと思うのです。もちろん、好きなことは趣味で、仕事とは別という考え方もありますが、それでは、限られた人生の時間の使い方として、あまりにもったいない。残りの4〜5割をどんなに楽しくしても、全体の人生を絵にしたら半分以上は灰色。そういう人生は、最高とは言い難いと思います。

まずは、仕事は歯を食いしばるものとか、我慢してやるものとか、つまらないものとか、そういう前提をひっくり返したいですね。人は働く意味や意義を見出すと、楽しさ、うれしさ、やりがいを感じ、思いがけず創造的になります。ですから、仕事の意義から入ることが大切なのです。このことを忘れて、人は歯車であり、モノを左から右へ流すことを仕事と定義したままの企業と経営では、価値を発揮できない集団に成り下がっていっていると思うのです。知識創造経営がカギと確信しているのは、そこの順番を正しく捉えているからです。私のライフミッションとしての知識創造経営の焦点は、「働くことが楽しいと思える人生を皆に取り戻す」ことにあります。仕事がつまらないなら、辞めるか、やり方を変えるか、立ち止まって、自分は何がやりたいのか、なぜ今これをやっているのか考えてみるとか、会社の仕組みを変えてしまうとか、本当はそういうことができるのです。だからこそ、経営のプリンシプル（原則）を変えなければならないと、それを自らの仕事にし続けたいと強く思います。

Co-creative Interface Builder 列伝 ❷

力足らざる者は中道にして廃す。今女は画れり。（『論語』雍也第六）

中国と日本のインターフェイスをつなぐ
不屈の精神と行動力の仕事人
リードエス　代表取締役　須賀保博氏

現在の仕事について

私は中国と日本で法人を設立し仕事をしています。中国では日系企業に向けたトータルサポートとして第1に上海地区を中心とする不動産の仲介、第2に中国全土を対象とした人材紹介、第3に製造業を中心とした人材育成、そして中国での事業推進に関するその他各種サポート（コンサルティング）を行なっています。

日本ではグローバルに事業展開をしている日系企業に対して、現地法人の将来の幹部人材を育成するための若手海外人材を中心とした人材紹介・派遣を行なっています。最初は中国からスタートしましたが、中国進出日系企業の現地化のサポート策として、まずは日本本社に将来の中国現地法人の幹部候補生を採用していただき、経験を積んでもらった後、中国現地法人において将来幹部になっていただく目的として人材紹介・派遣を始めました。現在は中国だけでなく、インド・ベトナム・インドネシアなど、アジア各国に対象を広げています。

ラグビーを通した中国との縁

大学院在籍中に、日曜日に授業がある通信制の高校で体育の授業を非常勤講師として受け持ったのがキャリアの最初になります。それがきっかけで大学院修了後、1年間常勤講師として高校の体育教師の仕事をしました。

中国との縁は大学院2年生の時です。私の所属する大学院に、上海体育学院助教授の一人が留学に来ており、その方にラグビーの話をした際に(1990年当時)「20数年前までは中国でもラグビーをやっていたが、今はほとんどない状況です」という話を聞きました。

そのやりとりがきっかけで、中国にラグビーを伝える機会をもらうことになりました。その助教授の紹介で上海体育学院から生の試合を見せてほしいという話をいただき、1991年にラグビーの仲間48人で中国に行ったのが最初になります。翌年、上海体育学院にラグビー課ができ、定期的に中国にラグビー交流に行くことになりました。

ビジネスパーソンとしてのスタートと中国での起業・発展

1年契約の高校の体育教師の仕事をしている中で、自分自身が将来どういう道を進むかを考えました。結論として、自分で独立してビジネスを行うのがもっともよいという考えに至りました。自分の性格を考えると、自分の成績表は自分でつける人生を歩みたいと考えたのがその理由です。ただし、高校の教師からいきなりビジネスの世界で独立というわけにはいきません。まずは3年間、毎日経営者に会えるような仕事につきたいと思い、経営を勉強して独立する計画を立てて経営コンサルタント業界に入ることにしました。そこで3年間営業をして、頑張れば自分も経営者になれると考えました。

当初の計画通り、経営コンサルタント業界での3年間の営業経験を経て、1995年に独立しました。最初は日本と中国の間での貿易業務を行なっていました。しかし、最初に始めたビジネスはなかなか軌道に乗らず、かなり苦戦し、経営は相当厳しい状況でした。

そんな中、1997年に中国に移住することになりました。きっかけはラグビーで上海体育学院からラグビー部のコーチのオファーをいただいたことでした。独立して、ビジネスが苦戦続きで経済的にはほぼ立ち行かなくなっている状態でもあり、これを転機と考えて、1997年7月から3カ月間上海体育学院のラグビー部のコーチを務めることにしました。1991年に初めて中国を訪れて以来、毎年上海体育学院と交流試合をしていた中でいただいたオファーでした。そして日中間を行き来する中で、たまたま知り合った方から中国進出日系企業向けの不動産ビジネスをやらないかと誘われ、不動産の世界に足を踏み入れることになりました。

私は当時、不動産ビジネスの経験はありませんでしたが法人営業のベースがありましたので、私自身の営業力を活かし、日系企業に積極的に営業アプローチをしました。すると、上海市場では日本国内ではとても会えないような大手企業の役職者の方にどんどん会える状況で、これはいけると感じました。海外での営業は日本国内とは違う点を感じ、チャンスが大きいことを実感しました。そして3年間はパートナーと不動産業に取り組み、その後２００１年に自身の会社を上海で設立しました。中国にラグビーを伝えたことに対する責任意識もあり、中国に移住した際には、中途半端に中国で仕事をやるのではなく、腹を据えて中国で仕事をしていく覚悟をもっていましたが、この時、自分の会社を中国で創ったことでようやく両足を大陸につけたという感覚になりました。

事業は勢いにのって最初は非常に好調でスタートしました。２００１年にゼロからスタートして、２００５年には社員50名を超えるまでに成長しました。外部環境もよく、自分も圧倒的な行動力で徹底的に営業をすることで右肩上がりに会社は成長しました。日系企業の進出ラッシュもあり、案件もどんどん生まれる環境でした。上海の主なビルというビルを徹底的に営業し、上海市内の日系企業はほとんど頭に入れていました。

それから、総経理を中心とした日本人駐在員と信頼関係を構築し、当時は各社の総経理の日々のスケジュールを把握するくらい密に接触しました。そうした信頼関係を構築させていただいた駐在員の方の数は相当なものでした。

上海の日系企業の駐在員の方との関係の質と量ではどこにも負けないくらいの状況をつくりました。時には昼食を食べている総経理を意図的につかまえて「今、少しよろしいでしょうか」という形で自分もランチに合流させていただき、ビジネスの話をすることもありました。当時、弊社には若い営業社員もたくさんいましたので、私が全面的に動くとやりにくい面もあったかもしれませんが、その時は私自身がトップ営業として、社内の誰よりも行動し、業績を上げるために、徹底的に攻めの営業を展開しました。

大きな2つの危機を乗り越える

最初の危機は2005年に起こりました。2001年からともに経営をしてきた右腕の中国人パートナーと別れることになり、会社が分裂の危機となりました。最終的には正々堂々と、私と中国人パートナーのそれぞれが社員の前で今後の事業の展開などを発表して、社員にどちらかを選択してもらう形にして、2つの組織に分けることにしました。この時は成長段階での内部分裂という形で大きな痛手をくらい、つらい想いをしました。しかし、引き続き自分についてきてくれるメンバーが、大勢いることが自分の大きな支えとなりました。事業面でも資金面でもこの内部分裂は大きなブレーキとなりましたが、仲間のためにも何とか立て直しをしようと思い、またそこから全力で頑張りました。ラグビーで培った精神かもしれませんが、負けてたまるかという気持ちが常にありました。私も人間ですから一時的にへこむことはありますが、どんなことがあっても絶対に足をとめない、手を休めない、目の前のやるべきことはしっかりやるということを習慣としていました。また同時に、終わったことをくよくよ考えない、常に今できること、次を考えるという姿勢も大切にしていました。どんな状況でも週末に必ずラグビーをやることで、そこですべてをリセットして、また新たな課題に挑戦していく活力を貫いました。その際に会社の名前もリバーからリードエスに変えてイメージを一新しました。

当時は常に私がトップ営業で先頭を走っていたこともあり、駐在員の方には私自身の存在はよく知ってもらっていたのですが、会社よりも私が目立つ状況で、お客様からも、会社名よりも「須賀ちゃんのところね」というような言い方をされることが多かった点は課題であると思っていました。自分が主導で動くことは大切ですが、社員みんなの動きで会社自体を覚えてもらえるような体制を構築していかなければならないと思っていました。そうした意識で組織力強化を心掛け、２００８年にはようやく私よりも会社が有名となり、「須賀ちゃんの会社ね」という認識から、「リードエスの社長さんは須賀さんとおっしゃるのですね」という呼ばれ方をする機会が増えてきました。このことはとてもうれしい変化でした。

ある時、朝礼でこのことを「会社のステージが変わり組織として評価されるようになった。そのことは皆さんの頑張りのおかげです。感謝いたします」と、社員の前で話したことを覚えています。組織としての経営のステージが一つ上がったと思いました。当時は独立精神旺盛で優秀な若者がどんどん弊社に集まってきていました。常に若い社員には(たとえば10歳年下の社員には)「必死で日々頑張って10年後は今の私を超える存在にならなければだめだよ。ただ私は、10年後は当然あなたより10歳年上であるので10年後成長したあなたよりもはるか先にいるよ」というような話をして、社員と自分自身を鼓舞していました。

日本側には、最初は中国進出をする予定の日系企業の相談窓口的な役割として東京に事務所を構えました。上海でも弊社のコンペチターが乱立するようになった背景もあり、3カ月に一度は日本に出張をして、できるだけ多くのお客様に営業をかけていきました。上海だけでは顧客に対して中国進出が決まり、具体化した後のアプローチになりますので、どうしてもタイミングとしては後手になります。コンペチターに案件を獲得されることも多くなってきます。そのため、より先手を打つためにできるだけ顧客が中国進出を検討し始めている初期段階でアプローチをすることで、中国進出が具体化した段階では工場や事務所の手配などを含めて一括受注できればとの思いから、上流工程のアプローチを行いました。

日本出張の際は、移動の時に新幹線の駅では必ず大手のコンペチターの看板が数社掲げられているのを見ました。それを見るたびに、絶対に大手ブランドに負けてたまるかという強い気持ちが沸き上がってきました。ラグビーでも一対一では絶対に負けないという強い気持ちでやっていましたが、仕事では一対多というくらいコンペチターとの規模や財力の面での実力差はありましたが、負けてたまるかという気概を常に自分の原動力にしていました。

会社の最大の危機は、創業当時に一緒に仕事をしていた元社員を新たに会社に招聘してナンバー3のポジションにおき、組織改革を任せた時に起こりました。この時のことはすべて私の責任なのですが、新しく入ってもらった元社員が断行した施策がうまくいかず、優秀な社員からやめていくという形になってしまい、組織にとって大きなダメージを受けました。人中心の組織だっただけに、コアメンバーの相次ぐ退職は組織として致命的な打撃を受けました。この時は長年一緒に経営をともにしてきたナンバー2の中国人パートナーからも、「このままなら私は会社を辞めます」とまでいわれる状況に追い込まれました。すべて私自身の責任であり、自分自身大きく反省をしました。本当に大きな危機でしたが、中国での事業をたたむことは考えませんでした。また、上海を離れることも考えませんでした。やはりラグビーでつながった縁であり、仲間がたくさんいる上海を離れるという気持ちはありませんでした。そして、また反省して再建を始めました。この時、幸いにしてちょうど日本での人材ビジネス事業が軌道に乗ってきた段階であったため、中国と日本の各事業の連携を強化することで中国事業も回復をしていきました。

今では日本の事業と中国の事業が必然でつながり、顧客に提供するサービスとしてうまく結びつくようになりました。現在はあらたな発展の道を見出すことができ、日々頑張っています。ベトナム、インド、インドネシアと段階的に事業をひろげていきたいと思います。

中国と日本のインターフェイスで仕事をする中で感じること

私は1997年、日本で半分経済的に立ち行かなくなった状況で中国にきました。

手ぶらで、ラグビーボール一つで中国にきた中で、徒手空拳、ゼロからスタートして、なんとかこれまで事業を創れたことについて中国に感謝しています。そうした意味でも母国の日本と中国に対しては特別な想いがあります。日本と中国の両方を見ている自分にとっては、どちらもよいところと悪いところがあると率直に思います。大切なことは「よいところは素直に認め合うこと」。そうした姿勢を相互に持ち合わせて関係を構築していくことが大切であると思います。

今の日本の状況は、中国に訪れたことがない方がたくさんいらっしゃる中で、マスコミ報道の影響を受け、そういう方にとっては完全に中国はイメージの悪い国になっているという印象があります。そこは大変残念だと思います。自分なりに中国と日本のインターフェイスにおいて、相互理解につながる活動を今後も地道に取り組んでいきたいと思います。

須賀保博流　シゴト哲学

仕事に通じる部分でラグビーから学んだ考え方があります。ラグビーではそれぞれが常に全力で体を張って、事に当たるのが前提という共通価値観があります。相手が強いから、大きいから、速いから怖いのではなく、そういう相手と対峙したときに全力を尽くして当たれなかった自分に対して、「あの人はあの程度だよね」と仲間から思われるのが怖いというメンタリティがあります。全力を投入できなかったことによって、仲間からの信頼を失うことを恐れるのです。だからこそ体を張って、全力で立ち向かっていくという面があります。自分よりはるかに大きな相手に対して、たとえ自分だけでは止められなくても必死で当たっていくことで、相手のスピードを少しは弱めることができます。そして、次の仲間がその大きな相手を止めてくれることにつながり、点をとられなければよいわけです。

こうした組織プレーは、仕事にも通じることがあると思います。自分が小さい、非力だということが恥ではなく、自分の与えられた持ち分の中で全力を尽くしていないことが恥であるという価値観です。ラグビーは、実は足が速かろうが遅かろうが、体が大きかろうが小さかろうができるスポーツなのです。体格的には恵まれていても逃げ腰で全力をつくさなければ仲間の信頼を得られず認めてもらえません。仕事もその積み重ねでその結果として業績があるわけです。一人ひとりが自分に与えられた持ち分を全力で守る、そうしたことを皆でしっかりやっていける組織にすることを常に目指しています。トップである自分自身が絶対に逃げないで全力で前に進み続けることをやり続けているのも、この軸から来ています。これは「ONE FOR ALL・ALL FOR ONE」の精神につながるものだと思います。犠牲の精神とかそういうものではなく、一人ひとりが主体的に全力をつくす、力の差ではなく、自分なりにベストを尽くしたかどうか、その前提がお互いの信頼関係を形成し、組織としての力となる、非常にシンプルな考え方だと思います。

常に自分のベストを尽くす。今立っている場所で少しでも前に進めるために全力を尽くす。このことが何よりも大切なことだと思います。

Co-creative Interface Builder 列伝❸

万物一体の仁『伝習録』

持続可能な社会づくりのモデルを世界に示す
～社会的課題解決に向けて事業を創り出す仕事人
日本フードエコロジーセンター　代表取締役　高橋巧一氏

現在の仕事について

食品ロスという言葉がメディアでよく取り上げられていますが、現在メディアが食品ロスの対策として取り上げ紹介している写真や映像の多くが、弊社の工場になります。食品ロス問題というのは発生抑制ということが大切ですが、それでも生産過程や流通工程で必ず廃棄するものは出てしまいます。それをいかに有効利用していくかということが、日本のような資源の少ない国にとって大切です。弊社は、この食品ロスの有効利用に取り組んでいます。

具体的には食品工場・スーパー・百貨店などでつくりすぎてしまったもの、売れ残ってしまったもの、そうしたものを弊社工場に運び込んでもらい、殺菌、発酵処理をして、液体状の養豚用の飼料をつくるというのが概略です。

現在、190の食品事業所から毎日35～36トンの食品廃棄物が運び込まれ、それを加工し飼料化し、15カ所の契約養豚場まで供給しています。食品会社の余剰品は廃棄物として焼却処分となり、かなりのコストがかかるのですが、弊社工場に運び込んでいただくことでリサイクルをしながらコストダウンを図ることができます。

今、世界的に穀物相場は高騰しています。この背景には発展途上国を中心とした人口増加により、穀物が奪い合いとなっている状況があります。そのため養豚農家も飼料の穀物価格の高騰により経営が逼迫《ひっぱく》します。輸入穀物よりもかなり安価に国内で飼料を手にすることができると経営には大きなプラスになります。

弊社は、原料をもらいながら処理費をいただく、飼料を供給しながら飼料代をいただく、両方からお金が入ってきますので、安定的に雇用を確保できますし、リサイクルすればするほど環境の負荷は低減できます。焼却炉で使っている税金も減らすことができる、ステークホルダー皆がWIN‐WINになりながら、雇用を生み出すことができるという点が我々の会社の大きな特徴です。

現在、神奈川県の相模原市に本社・工場があり、私は月の半分は本社にいて、あとの半分は食品工場に行ったり、霞が関で農水省・環境省・経産省とともに施策・条例の改訂などの作業をしています。事業家として環境ビジネスに取り組みつつ、国政のサポートをしています。これだけ脱炭素社会が叫ばれ、持続可能な社会をどうつくっていくのかが問われている中で、日本では50年前につくったいろいろな法律などが今日のビジネス展開の妨げになっていることがあります。そうした規制を緩和したり、国の施策をつくるための情報を提供したり、持続可能な社会をつくるためのお手伝いをしているわけです。

環境問題に対する志

小学4年生の時に、獣医師になって環境問題に取り組むという決意をしました。もともと私は自然が好きで、雑木林などで遊んでいました。しかし、雑木林がある日突然駐車場になってしまったり、なくなってしまうのです。マスコミでも野生動物の減少や地球環境の悪化などがテレビや雑誌などで取り上げられていたのを見て、この先地球環境はよい状態にはならないと考えていたわけです。環境を専門に学ぶ学科のようなところは当時なかったため、まずは獣医師になれば、つぶしもきくし、世の中の役に立つし、自然保護や環境問題の解決の取り組みにつながるのではないかと考えました。そこで大学の獣医学科に入って獣医の資格を取りました。

同時に、いろいろな自然保護のNGOでボランティアの活動を長時間行いました。大手のNGOはほとんど参加していましたが、そこで感じたのは学生層の薄さでした。意識の高い学生は存在するのに、NGOの活動に参加する人が少ない。そこで自身でフィールド・アシスタント・ネットワークという組織を立ち上げ、いろいろな大学や学部の枠を超えて意識の高い大学生を集めて、休日にボランティアで自然保護の活動に参加する流れをつくりました。プロジェクト制でイベント毎に人を集める形で運営しました。10名のコアスタッフを中心に、各イベントでは300名近くの志ある学生が集まり、ともに活動を行いました。こうしたイベントは今日でも続いています。自然保護のNGOの人たちは意識も高く、知識も豊富ですばらしい人たちばかりでした。そこから我々学生は、多くを学ばせていただきました。

ただ、そのころ強く感じたのは、対行政や対大企業となると乗り越えられない壁があることです。「自然を守ることより人の雇用が大切だ」とか「経済中心」になってしまうのです。日本は、当時はジャパン・アズ・ナンバーワンと称され、経済は世界を牽引していました。本質的な問題解決をするには経済活動を変えていかないと環境問題には結びついていかないと感じていました。

経営の実際を学ぶところからのスタート

そこで私は大学を卒業して、獣医師として活動するのではなく、まず経済活動の中に身を投じることを選択し、日本企業の経営や企業人教育にできるだけふれることができる経営を学べる仕事にしようと考え、経営コンサルティング業界の会社に入社しました。自分自身は、まず経営を勉強しなければ環境問題に対して日本の経済活動の変革を行うことは到底難しいと考えたからです。そこで営業パーソンとしてスタートして経営者に会い、日本企業の社員教育などについて学びました。

最初5〜6年は勉強しようと思っていたのですが、たまたま私の親しくしていた先輩が起業するということになり、私も経営をともにすることを決意して、早い段階で独立をしました。そこからは実際の経営を自らが行い、会社の創業・商品開発・仕入れや顧客開拓・金融機関からの資金調達など実際に自分でゼロから実践し経営を体得する道を選択しました。そこで7～8年仕事をしましたが、リアルな経営・創業の厳しさを体験しました。

自らの会社を設立、環境事業を始動　失敗と再起

社会人になり、経営の実際を10年学んだ段階で、そろそろ自身のやるべきテーマに取り組もうと考えて環境事業に参入し、自身の会社を新たに立ち上げスタートしました。この時に始めた事業が、現在の事業のベースになっています。10年間経営の厳しさを学び、しっかり準備して臨んだつもりでしたが、この時は残念ながら結果を出すことはできませんでした。

当時はやりたいこと、志に対して、法律もまだついてきていない、マーケットも成熟していない、資金力もないという状況で、ハードルだらけでした。もっとも大きなハードルは法律の問題で、許認可や法律の解釈をめぐって、事業活動は大きな制約やダメージを受けました。そして事業継続が難しくなる状況まで追いつめられるということになり、大きな失敗をしました。自分自身の力と志・信念を頼りにして立ち上げましたが、時期尚早だったと大きく反省をしました。この時の失敗は、

今思えば自分の人生において最大の危機だったかもしれません。しかし当時は、ここで人生は終わりではない、まだまだやり直すことができる、そして何よりも、小学生の時から大切にしていた志・信念が自分を支えていました。これは、皆の将来にとって非常に大切な問題に取り組んでいるのだという想いがありました。必ず社会に役立つ事業であるので、やがてはうまくいくという信念がありました。また、ライフワークとして環境問題に対する志は変わらないという点では揺らぐことはありませんでした。

ただ当時、事業推進のもっとも大きなハードルとなった法律の解釈・許認可の制度については、改革しなければならないという強い思いを持ちました。現在も毎週、霞が関に通って法律を新しく変えていく、国としての施策に対する意見・具申を現在も行なっているのは、この時の経験が強くあるからです。

これから若い人たちが、持続可能な社会を構築するために社会課題解決の仕事をしていこうとさまざまな活動をしようとしたときにハードルとなるのは、規制であったり法律であったり既得権という部分があります。このあたりを少しでも改善していくのも、私の役割であると考えています。自分の社業の発展という領域にかかわらず、インフラそのものの整備を後進のためにしていかなければならないと考えています。

自分の会社だけを考えれば、今は事業が軌道にのっているので、むしろ規制を強めて新規参入を阻むほうが、短期的には私の会社にとっては利益となるわけです。しかし、そうした考え方は私の理念には反しているので、行うことはありません。むしろコンペチターが増えても構わないので、社会的な課題解決に多くの人の知恵と力を結集させていくことが目的なのです。意識の高い多くの若い人が参入してきていただき、今、私がやっていることを超えるものをつくっていただければ、社会にとってはとてもよいことであると思います。

危機に遭遇しても揺るがない志とブレない価値観

自分のやっていることは、世の中全体を見た時に間違ってはいないという感覚、必ず世の中に役立つことをやっているという想いがベースに常に強くあります。周りの人たちもサポートしてくれる、会社を畳んだり、リスタートしたりという面も含めて、すごく多くの人たちが助けてくださっている、これは私の考えや理念に共鳴してくださっているということで、大変ありがたいことです。それが、今では世の中で受け入れてもらえるようになったということだと思います。苦労しても事業を続けるのは公を利するという信念から来ています。自分の利益のみ、自分の会社の利益のみであれば、当然周りの人も応援はしてくれないと思います。世の中のためなんだという想いが大切だと思います。

私が起業した頃はベンチャーブームというのはありましたが、社会事業家やソーシャルビジネスなどという言葉はまだありませんでした。起業というと、ITビジネスで億万長者になるんだというような風潮が強かったと思います。しかし私は、その時から上場して億万長者になるという思いは全くありませんでした。今でもそれは変わりません。

SDGsは私の心の奥底と共鳴できるものです。1992年にリオの地球環境サミットで持続可能な開発というキーワードが出ましたが、その際にはFAネットワークの仲間とリオに行っており「高橋さんが言っていることはこれだよね」と皆に言われました。自然だけを守るわけではなく、かと言って人間のためだけでなく、両者がともに持続的に存続していく道をつくっていくことが大切であると。当時これこそが我々が目指すべき道であると、皆と話をしたのを覚えています。その時はやっと我々の時代が来たと思ったのですが、いつの間にか下火になり、CSRという形で企業活動に入り、それも本来のＣＳＲの意図と反して、広告宣伝の手段というような捉え方をされてしまい、ＣＳＲ広報部というような扱いになってしまいました。そんな経緯があったことから、２０１５年にＳＤＧｓが出た時には、これは絶対に一過性に終わらせてはいけないと思い、我々ができることをやり、しっかり活動を盛り上げていこうと強く思いました。

大量生産、大量消費により地球環境が大きく変わってしまっている、この流れを変えていくのがＳＤＧｓの根幹にあるんだということについて、いろいろな場で講演していますし、実践するモデルを私自身が創って示すことが大切だと思っています。ＳＤＧｓの精神を事業活動で実践し、そして伝道していく、そうした活動を今後も行なっていきます。

多くの人々の中には「環境はもうからない」とか「高くつく」というような思い込みがあります。「経済活動の側からみると環境はプラスアルファでやることだよね」といった考え方がいまだに根強くあると思います。上場企業の管理職クラスはいまだにそうした考えを持っている人が多くいるわけです。そうではなくて、弊社で行なっているように、環境ビジネスを通して環境負荷を低減しながら雇用を生み出していくことができる、リサイクルしながらコストダウンができる、そうした仕組みは経済の中で今後どんどん構築していけると思います。

持続可能な社会づくりのモデル世界に示す

弊社は多くのステークホルダーの方々とともに、地道に一歩一歩積み上げて築いていくビジネスですので倍々ゲームのようにはなりませんが、おかげさまで現在地道に発展をしています。

最初は小田急グループと組んで設立しましたが、2013年に会社分割をして、私が100％株主となり、そこからは黒字経営を毎年続けています。売上も右肩上がりとなっています。

新卒採用も毎年していますが、現段階で誰一人としてやめていません。新卒の離職率はゼロです。これはやはり、やりがいや誇り、社会的な使命を仕事で感じてもらえているのだと思います。

我々のやっている取り組みは、実は日本だけでなく世界的にも少ないということで、特に欧州を中心に注目していただいております。2017年には、ベルリンのG7のワークショップで、G7の環境省の方々に対して弊社の活動についてお話をさせていただきました。

　また、同じ年にニューヨークの国連本部でも日本の中小企業の代表として弊社の話をさせていただきました。そして、ミラノの万博でも日本の農水省の展示で弊社の活動を紹介させていただきました。２０１３年ごろからＥＵ各国でも食品ロスに関する法律がつくられたという背景から、フランスのスーパーマーケットの社長たちが弊社の工場に取材にきたこともあり、現在もＥＵ各国からメールでさまざまな問い合わせがあります。

　日本では、２０１６年にＳＤＧｓを推進していくための委員会が内閣主導で進められ、２０１７年にはＳＤＧｓアワードという表彰制度ができ、優れた取り組み事例を称えるという形が生まれました。その2年目の２０１８年度ＳＤＧｓアワードでは、内閣総理大臣賞をいただくことができました。

　今後も、持続可能な社会づくりのモデルをつくっていきたいと考えています。次のステップとしては再生可能エネルギー事業として、バイオマス発電も行なっていく予定です。まずは先駆的な活動を行ない、モデルをつくる。そして日本から世界に拡げていく活動をしていきたいと思います。

高橋巧一流　シゴト哲学

仕事に対する捉え方としては、「やりたいことを仕事にするのが一番よい」と思います。やりたくないことをお金のためだけに仕事にするというのは、本人のためにも社会にとってもよくないことです。

人間は泥棒をしたり、犯罪に手を染めたりする側面もありますが、それはやりたくてやっているわけではなく、仕方なくやっているケースが多いと思います。本質的には「本当に自分のやりたいことを突き詰めれば、それは社会的にもよいことである」と信じています。この点はつながっているものだと思います。

パナソニックにしてもホンダにしても、松下幸之助も本田宗一郎も大金持ちになりたいから会社をつくったわけではないと思うのです。松下幸之助はろうそくの下で暗い中ではなかなか勉強もできない、明るい家庭で皆が笑顔になるようにという想いで、安価な電球をつくって、多くの家庭に届けたいという思いからスタートし、パナソニックを大きくしていきました。

本田宗一郎も荷物を持って自転車で坂道を上ると大変だからといって、エンジンをつけてバイクを開発して便利にしていったわけです。そうやってそれぞれの人が自分の想いや、やりたいことを具現化していけば社会に大きく貢献できると思います。そのために自分は本当に何がやりたいのか、どうありたいのか、そうした想いを大切にして自己実現していく、そうした生き方をしていくことが大切だと思っています。

方向性が間違っていなければ、周りの人も助けてくれます。多くの人がそういう生き方をしていければ、皆が笑顔になれると思うのです。貧富の差が広がっていることや、なんとなくやる気のない社会を生んでしまっている現状を変えていくのは、一人ひとりが自分らしい生き方、自己実現をして世の中を明るく笑顔の社会をつくっていくということが、一番大切なことではないかと思っています。

おわりに

～逆境を乗り越えるシゴト哲学～『論語営業のすすめ』を書こうと思ったのは、今から10年以上前になります。ようやく形にすることができ、これまでご支援いただいた多くの方々に感謝しております。

この本で伝えたかったことは「仕事（シゴト）を私事→志事に変えること」、仕事の目的を「自身の人間的成長」に焦点を当てて再定義すること、渋沢栄一の提唱する士魂商才をキーワードとして、士魂と商才を醸成する「論語」からヒントを得て自分なりのシゴト哲学を確立すること、そしてこれらの取り組みを通じて、現在携わっている営業の仕事を、ソウルワークに変えることにつなげてほしいというのが本書の目的です。

「自身の人間的成長」に関しては、私は常に自分自身に「過去の最高、未来の最低」と言い聞かせるようにしています。「過去の最高」とは、自分自身の人生の中で今がもっとも成熟した最高の状態であるということ、「未来の最低」とは、今後の自分自身の人生においては今がもっとも未熟で最低レベルにあるという意味です。背後の文脈としては「常に人間的に成長し続けることを目指す」「現状の自分に対する承認・肯定」、同時に「現状の自分に対する否定と現状打破の必要性」の両面を含みます。
目の前の現実をすぐに変えることは難しいかもしれませんが、仕事に対する捉え方、解釈は自分自身で変えることができます。その努力が自らの力の源となり、新たな行動を促し、勢いが生まれ、結果として現実をよりよい形に変えていくことにつながると信じています。

本書では、以上の目的と並行して、士魂商才とは何かについて説明してきました。私は司馬遼太郎が明治という時代について説明した言葉「透きとおった、格調の高い精神でささえられたリアリズム」という表現と、渋沢栄一の「士魂商才」がつながっていると感じています。「透きとおった、格調の高い精神」とは、自己中心から脱却し、他者との互恵、公、社会の利益を考える精神であり、「リアリズム」とは、浮ついた理想論や荒唐無稽な陰謀論に踊らされることなく自身を取り巻く具体的な現実や社会的課題を直視し、問題解決行動を図るものであると考えます。明治という時代をかけぬけた渋沢栄一の気風がそこにあると思います。

この精神こそ現代の我々が忘れてかけてしまったものであり、再興が求められる在り方ではないかと思います。こうした精神は『論語』によって養われるというのが渋沢栄一の考えですが、私は『論語』にプラスして「透きとおった格調の高い精神」を養うために「陽明学」と「武士道」、リアリズムを養うために「交渉学」が役立つと考えています。本書を読んでくださった読者の方には、今後の学びとして特におすすめしたいと思います。

この本の執筆にあたり、多くの方々にご支援をいただきました。インタビューに協力してくださったピーター・D・ピーダーセン氏、荻原直紀氏、須賀保博氏、高橋巧一氏、推薦いただきました笠原英一博士、榎本英剛氏、制作・準備に協力してくださった筧裕介氏、磯部繁子氏、船戸涀哲氏、石川裕二氏、讃井里佳子氏、出版の機会をつくってくださった生産性出版の米田智子氏、皆様のおかげで、この本を完成することができました。心から感謝いたします。

最後に読者の皆様が自分らしく「一隅を照らす」ことができ、ますます充実した志事人生を送られることを祈念し、筆を置きたいと思います。本書を通して営業という仕事の本質を改めて考え、今後の仕事でより自分らしさを発揮し、日々の営業活動をより充実したものにしていってくだされば幸いです。

著者

巻末付録

営業に役立つ章句

ここでは、本文で取り上げられなかった章句を紹介します。私が営業のプロフェッショナルの持つべき精神として大切だと考える3つの軸**「自主独立の精神」「協働の精神」「合一の精神」**を中心にして関連する章句を分類しています。あなた自身が大切にしたい仕事の軸・価値観を考えるうえでご活用ください。

「自主独立の精神」
（組織に属しているか否かに関わらず）自ら確固たる信念を持ち、自らの在り方を大切にし、自己の修養に努めている。

「協働の精神」
相手の立場にたち、尊重しながら、双方の強みに着目し、互いの強みを活かし弱みを補完し合う関係を大切にし、相互協力を惜しまない。

「合一の精神」
「MVV（ミッション・ビジョン・バリュー）」「共通目標・ゴール」といった目指すべき方向性、あるべき姿の一致を軸に組織活動に参画している。または、リーダーとして組織活動を束ねている。

※ここに掲げる章句の解説はすべて（『論語』金谷治訳注　岩波書店）から引用しています。

「自主独立の精神」

- **知者は惑わず、仁者は憂えず、勇者は懼《おそ》れず。**（子罕第九）

　智の人は惑わず、仁の人は心配がなく、勇の人は恐れない。

- **道に志し、徳に拠り、仁に依り、芸に遊ぶ。**（述而第七）

　正しい道を目ざし、わが身に修めた徳を根拠とし、［諸徳のなかで最も重要な］仁によりそって、芸［すなわち教養のなか］に遊ぶ。

● **仁に当たりては師にも譲らず。**（衛霊公第十五）

仁徳［を行なう］に当たっては、先生にも遠慮はいらない。

● **君子は諸《こ》れを己れに求む。小人は諸れを人に求む。**（衛霊公第十五）

君子は自分に［反省して］求めるが、小人は他人に求める。

● **過《あやま》てば則ち改むるに憚《はばか》ること勿かれ。**（学而第一）

あやまちがあれば、ぐずぐずせずに改めよ。

● **過ちて改めざる、是れを過ちと謂う。**（衛霊公第十五）

過ちをしても改めない、これを［本当の］過ちというのだ。

● **先ず其の言を行い、而《しか》して後にこれに従う。**（為政第二）

先ずその言おうとすることを実行してから、あとでものをいうことだ。

- **君子は言を訥《とつ》にして、行に敏ならんと欲す。**（里仁第四）

　君子は、口を重くして、実践につとめるようにありたいと望む。

- **衆これを悪むも必ず察し、衆これを好むも必らず察す。**（衛霊公第十五）

　大勢が憎むときも必ず調べてみるし、大勢が好むときも必ず調べてみる。［盲従はしない］

- **これを知るをこれを知ると為し、知らざるを知らずと為せ。是れ知るなり。**（為政第二）

　知ったことは知ったこととし、知らないことは知らないこととする、それが知るということだ。

- **歳寒くして、然る後に松柏《しょうはく》の彫《しぼ》むに後《おく》るることを知る。**（子罕第九）

　気候が寒くなってから、はじめて松や柏が散らないで残るこ

とが分かる。〔人も危難の時にはじめて真価が分かる〕

「協働の精神」

●君子は人の美を成す。人の悪を成さず。小人は是に反す。（顔淵第十二）

君子は他人の美点を〔あらわしすすめて〕成しとげさせ、他人の悪い点は成り立たねようにするが、小人はその反対だ。

●利に放《よ》りて行なえば、怨み多し。（里仁第四）

利益ばかりにもたれて行動していると、怨まれることが多い。

●徳は弧ならず。必らず鄰《となり》あり。（里仁第四）

道徳のある者は孤立しない。きっと親しいなかまができる。

●暴虎《ぼうこ》馮河《ひょうが》して、死して悔い無き者は、吾れ与《とも》にせざるなり。必らずや事に臨み

て懼《おそ》れ、謀《ぼう》を好みて成さん者なり。（述而第七）

虎に素手でたちむかったり河を歩いて渡ったりして、死んでもかまわないというような〔無鉄砲な〕男とは、わたしはいっしょにやらないよ。どうしてもというなら、事にあたって慎重で、よく計画をねってなしとげるような人物とだね。

•中行《ちゅうこう》を得てこれに与《くみ》せずんば、必らずや狂狷《きょうけん》か。狂者は進みて取り、狷者は為さざる所あり。（子路第十三）

中庸の人をみつけて交われないとすれば、せめては狂者か狷者だね。狂の人は〔大志を抱いて〕進んで求めるし、狷の人は〔節義を守って〕しないことを残しているものだ。

•君子は言を以て人を挙げず、人を以て言を廃せず。（衛霊公第十五）

君子はことばによって（立派なことをいったからといって）人を抜擢せず、また人によって（性格が悪いからなどといって）ことばをすてることはない。

●其の以《な》す所を視、其の由る所を観、其の安んずる所を察すれば、人焉《いず》くんぞ廋《かく》さんや、人焉くんぞ廋さんや。（為政第二）

その人のふるまいを見、その人の経歴を観察し、その人の落ちつきどころを調べたなら〔その人がらは〕どんな人でも隠せない。どんな人でも隠せない。

●賢を見ては斉《ひと》しからんことを思い、不賢を見ては内に自ら省みる。（里仁第四）

すぐれた人を見れば同じようになろうと思い、つまらない人を見たときにはわれとわが心に反省することだ。

●我れ三人行なえば、必らず我が師を得。其の善き者を択びてこれに従う。其の善からざる者にしてこれを改む。（述而第七）

わたくしは三人で行動したら、きっとそこに自分の師をみつける。善い人を選んでそれに見ならい、善くない人にはその善くないことを〔わが身について〕直すからだ。

• 女《なんじ》は其の羊を愛《おし》む。我は其の礼を愛む。（八佾第三）

お前はその羊を惜しがっているが、わたくしにはその礼が惜しい。〔羊だけでもつづけていけばまた礼の復活するときもあろう。〕

• 人にして仁ならずんば、礼を如何《いかん》。（八佾第三）

人として仁でなければ、礼があってもどうしようぞ。

「合一の精神」

• 政を為すに徳を以てすれば、譬《たと》えば北辰《ほくしん》の其の所に居て、衆星《しゅうせい》のこれに共《きょう》するがごとし。（為政第二）

政治をするのに道徳によっていけば、ちょうど北極星が自分の場所にいて、多くの星がその方に向かってあいさつしているようになるものだ。

• 其の身正しければ、令せざれども行なわる。其の身正しからざれば、令すと雖ども従わず。（子路第十三）

わが身が正しければ、命令しなくとも行なわれるが、わが身が正しくなければ、命令しところで従われない。

• 速やかならんと欲すること毋《な》かれ。小利を見ること毋かれ。速かならんと欲せば則ち達せず、小利を見れば、則ち大事成らず。（子路第十三）

早く成果をあげたいと思うな。小利に気をとられるな。早く成果をあげたいと思うと成功しないし、小利に気をとられると大事はとげられない。

・直きを挙げて諸れを枉《まが》れるに錯けば、能く枉れる者をして直からしめん。（顔淵第十二）

正しい人々をひきたてて邪悪《よこしま》な人々の上に位《くらい》づけたなら、邪悪な人々も正しくすることができる。

・これに居りては倦《う》むこと無く、これを行うには忠を以てす。（顔淵第十二）

位に居て怠ることなく、事を行なうにはまごころですることだ。

・君子は矜《きょう》にして争わず、群して党せず。（衛霊公第十五）

君子は謹厳だが争わない。大勢といても党派をくまない。

・これを道びくに政を以てし、これを斉《ととの》うるに刑を以てすれば、民免れて恥ずること無し。これを道びくに徳を以てし、これを斉うるに、礼を以てすれば、恥ありて且《か》つ格《ただ》し。（為政第二）

〔法制禁令などの小手先の〕政治で導びき、刑罰で統制していくなら、人民は法網《ほうもう》をすりぬけて恥ずかしいとも思わないが、道徳で導びき、礼で統制していくなら、道徳的な羞恥心を持ってそのうえに正しくなる。

・君子は和して同ぜず。小人は同じて和せず。（子路第十三）

君子は人と調和するが雷同はしない。小人は雷同するが調和しない。

「学び・成長」

- **教えありて類なし。**（衛霊公第十五）

　教育〔による違い〕はあるが、〔生まれつきの〕類別はない。

- **性、相い近し。習えば、相い遠し。**（陽貨第十七）

　生まれつきは似かよっているが、しつけ（習慣や教養）でへだたる。

- **憤せずんば啓せず。悱《ひ》せずんば発せず。一隅を挙げてこれに示し、三隅を以て反《かえ》らざれば則ち復たせざるなり。**（述而第七）

　〔わかりそうでわからず〕わくわくしているのでなければ、指導しない。〔言えそうで言えず〕口をもぐもぐさせているのでなければ、はっきり教えない。一つの隅をとりあげて示すとあとの三つの隅で答えるというほどでないとくりかえすことをしない。

・我れは生まれながらにしてこれを知る者に非ず。古えを好み、敏にして以てこれを求めたる者なり。（述而第七）

わたくしは生まれつきものごとをわきまえた者ではない。昔のことを愛好して一所懸命に探究している者だ。

・故を温めて新しきを知る。以て師と為るべし。（為政第二）

古いことに習熟してさらに新しいこともわきまえてゆくなら、人の師となれる。

・子、四つを以て教う。文、行、忠、信。（述而第七）

先生は四つのことを教えられた。読書と実践と誠実と信義である。

・仁を好みて学を好まざれば、其の蔽《へい》や愚。知を好みて学を好まざれば、其の蔽や蕩《とう》。信を好みて学を好まざれば、其の蔽や賊。直を好みて学を好まざれば、

其の蔽や絞《こう》。勇を好みて学を好まざれば、其の蔽や乱。剛を好みて学を好まざれば、其の蔽や狂。（陽貨第十七）

仁愛を好んでも学問を好まないと、その害として〔情におぼれて〕愚かになる。知識を好んでも学問を好まないと、その害として〔高速に走って〕とりとめがなくなる。信義を好んでも学問を好まないと、その害として〔かたくなになって〕人をそこなうことになる。まっ直ぐなのを好んでも学問を好まないとその害としてきゅうくつになる。勇気を好んでも学問を好まないと、その害として乱暴になる。剛強を好んでも学問を好まないと、その害として自分かってなでたらめになる。

・過ぎたるは猶《な》お及ばざるがごとし。（先進第十一）

ゆきすぎたのはゆきたりないのと同じようなものだ（どちらも中庸を得ていない。）

【参考文献】

『論語』（1999）岩波書店　訳注　金谷治
『論語と算盤』（1985）国書刊行　渋沢栄一
『論語物語』（1981）講談社　下村湖人
『大学・中庸』（1998）岩波書店　訳注　金谷治
『渋沢百訓』（2010）角川学芸出版　渋沢栄一
『論語講義』（1975）明徳出版　渋沢栄一
『伝習録』（2005）中央公論新社　訳　溝口雄三
『武士道』（1938）岩波書店　新渡戸稲造
『マネジメント』（1974）ダイヤモンド社　ピーター・F・ドラッカー
『私の主張―経営者発想の丘』（1985）ジェック出版部　宮本義臣

[営業人のまなび]

お役立ちサイト

営業人.com　http：//eigyojin.com

論語「義」と算盤「利」の一致を志す「士魂商才の営業人」支援サイト

営業人の付加価値向上を支援するためのお役立ち情報サイト。日常の営業業務に役立つ有効な情報はもとより、営業人としての軸の確立、行動力強化、能力開発、業績向上に寄与する情報を提供している。営業人としての自分にさらに磨きをかけるための営業情報サイトである。

お役立ち資格

交渉アナリスト　NPO法人日本交渉協会　http：//nego.jp/

日本交渉学の父である藤田忠が創設した交渉資格制度。藤田忠の盟友である元駐日大使のエドウィン　O. ライシャワーを交渉者としてのロールモデルにしている。多様性時代において、意見・価値観・立場の違いを乗り越え、どう合意していくのか、対立状況下において交渉を、奪い合いから価値交換、価値創造へ導くための考え方と技術を学習する。ビジネスパーソン、公務員、弁護士、看護師、教師などさまざまな職種、立場の方が学んでいる。交渉アナリスト資格は知識課程、技術課程があり、３級、２級、補、１級の４つの資格がある。

お役立ち研修

TRANSAGENT

株式会社トランスエージェント　ＭＩＳマネジメントイノベーションスクール

http：//www.transagent.co.jp

Co-creative Interface Builder「仁の循環・合一の実現」を理念としてマネジメントイノベーション支援事業、交渉力・協働力向上支援事業、B to B 営業・マーケティング支援事業を行っている。現在東京、上海、台北に拠点を構える。

［著者］

安藤 雅旺（あんどう まさあき）

株式会社トランスエージェント代表取締役
NPO法人日本交渉協会　代表理事
二松学舎大学大学院国際政治経済学研究科修士課程修了。
立教大学大学院ビジネスデザイン研究科修士課程修了（経営管理学修士MBA）。
株式会社ジェック（人材開発・組織開発コンサルティング業）での営業経験を経て独立。
2001年株式会社トランスエージェントを設立。2006年上海に中国法人上海創志企業管理諮詢有限公司を設立。
「仁の循環・合一の実現」を理念に、マネジメントイノベーション支援事業、交渉力・協働力向上支援事業、B to B営業・マーケティング支援事業を展開している。

論文：「中国進出日系企業の産業財市場における顧客インターフェイスの研究」
Strategy for Managing Customer Interface taken by Japanese B to B Marketers in China
~Effective Business Activities in Developing Customer-Supplier Relationship in China~
（立教大学大学院MBAプログラム 2011年度優秀論文賞受賞）

著書：『心理戦に負けない極意』（共著、PHP研究所）
『中国に入っては中国式交渉術に従え！』（共著、日刊工業新聞社）
『交渉学ノススメ』（監修、生産性出版）

逆境を乗り越えるシゴト哲学
論語営業のすすめ

2021年12月 7日　初版 第1刷発行
2024年 7月30日　　　 第3刷

著　者　安藤　雅旺
発行者　髙松　克弘
発行所　生産性出版
〒102-8643　東京都千代田区平河町 2-13-12
日本生産性本部
電　話　03-3511-4034
https://www.jpc-net.jp/

印刷・製本　サン
装丁&本文デザイン　田中 英孝

ISBN 978-4-8201-2125-1